D0574706

Navidad Latinoamericana

LATIN AMERICAN CHRISTMAS

Created by
Charito Calvachi Wakefield

Introduction and Novena prayers by
Marco Vinicio Rueda, S.J.

DEDICATORIA

Para mis padres, Reinaldo Calvachi y Piedad Cruz de Calvachi, porque su amor ha puesto Estrellas de Navidad en mi corazón.

DEDICATION

To my parents, Reinaldo and Piedad Calvachi.

ESTE LIBRO PERTENECE A LA FAMILIA:
This book belongs to the family of:

____

Published by Latin American Creations Publishing.
First printing 1997, second printing 1999, revised.

Book design: Eliot Brodsky, Chicago, Illinois.
Translation: Grace Catalina Wintemute.

Publisher's Cataloging-in-Publication

Wakefield, Charito Calvachi.

Navidad Latinoamericana/ Latin American Christmas created by Charito Calvachi Wakefield; Introduction and Novena prayers by Marco Vinicio Rueda, S.J.

2nd Edition revised, Lancaster, Pennsylvania, United States of America: Latin American Creations Publishing, 1999.

Contents: 88 pages, illustrations, 23 cm., 1 sound disc (digital 4 3/4 inches).

Notes: In both Spanish and English.

Summary: Includes text of carols recorded on accompanying compact disc, the Novena prayers before Christmas, and Christmas traditions in 25 Latin American countries.

ISBN 0-9660690-1-3

1. Christmas - Latin America.
2. Christmas music - Latin America.
3. Latin America - Christmas.

394'.2663

Printed in the United States of America
at YZ Printing, Elizabethtown, PA

Agradecimientos
ACKNOWLEDGEMENTS

Special thanks to Michele Marie Ostroski and Patricia L. Jordan, English version editors in the first and second edition, respectively.

I want to thank Dr. Jorge Moisés Aguirre Villalobos, Enelly Betancourt (La Voz Hispana, Editor), Alice Bland-Sanders, Pía Bennett, Gisela Bolliger, Jorge y Brenda Calvachi, Sonia Bastidas de Calvachi, Dr. Reinaldo Calvachi Cruz, Roberto Calvachi Cruz, María Elena Rojas de Calvachi, Renee Christiansen, Lilian Cotto, Carmen Cruz, Prof. Medardo Teddy Chuquimia, Cecilia Del Matti, Mercedes Días Orbeal, Fanny García, Aída Graupera, Blanca Gonzáles, Nelly Gonzáles, Collin P. Harvey, Marta Silvia Hernández, Helen and Rolf Hickman, Olimpia Irizarry, Eunice Kirchgessner, Juanita López, Dulce Lemois, Dra. Iris MacRae, Aurelia Cañizares Mendoza, María Teresa Norori, Greta Ostroski, Dr. Michael E. Ostroski, Father Bernardo Pistone, Alicia Pease, Gliceria Pérez, Juanita Pérez, Vic Poirier, Marco Vinicio Rueda, S.J., Edith Graciela Sanabria, Laura Sánchez, Marcela Moreno-Sepúlveda, Dr. Margarita Shultz, Lupe Smith, Dr. Ronald D. Smith, Ronald P. Smith, Sister Theresa Smith, Verónica Smith, Ritamarie Tirpak, José Urdaneta, Maribel Vallejos, Glendi Wakefield, Richard Wakefield, Grace Catalina Wintemute and Teresa Zapata.

The Embassies of Bahamas, Belize (Janine Sylvestre, First Secretary and Beverly Smith-López, Director of Culture.), Brazil, Costa Rica, Chile, Dominican Republic (Germania Gaskill, First Secretary.), El Salvador (Mirian E. Vargas, First Secretary.), Grenada (Sibyl Alexander, First Secretary.), Guyana (G. Rowe.), Honduras, Mexico, Paraguay, Venezuela and the Consulate of Uruguay.

The musicians and singers of the original and folkloric versions, Giovanny Martínez R. of Gio Audio Productions, Quito, Ecuador, and Leo Díaz of The Beat Company Recording Studio, Lancaster, PA. Special thanks to Rev. Irving Cotto.

The painter of the illustrations: Fernando Reinoso from Alangasí, Ecuador.

Internet pages have been a useful resource.

Contenido
CONTENTS

Prefacio
PREFACE

Una Navidad en los Estados Unidos, sentada con mis sobrinos alrededor del pesebre, quise trasmitirles los sentimientos navideños más valiosos que endulzaron mi corazón en la niñez, mas no tenía la música con que ayudarme. El compartir mis recuerdos no bastaba para hacerles captar el contenido y el espíritu de nuestra rica tradición navideña. No me costó mucho comprender que yo no era una excepción. Había muchos latinos alrededor del mundo en esta situación. De ahí que me propuse realizar este proyecto que hoy les entrego.

He creado este libro y este disco compacto para ustedes, hermanos de Latinoamérica, aquéllos que tienen la dicha de caminar por su tierra querida y aquéllos que la van llevando en su corazón por las distancias del mundo. Sé que sus recuerdos de Navidad están entre los más preciados de su corazón, como lo están en el mío. Lo he hecho de tal modo que las canciones de este libro y este disco compacto despertarán sonidos que estaban guardados en la memoria, para que ustedes los canturreen y pronuncien al leer el contenido de sus letras. Las oraciones de la Novena llenarán su sed de infinitud en las cosas pequeñas porque salieron de la mano de un jesuíta que ama la vida desde una visión totalizadora. Las ilustraciones salidas de la pluma de un pintor ecuatoriano nos proveerán de una mezcla provechosa de lo clásico, lo típicamente latino y lo surrealista de nuestro arte. Al mismo tiempo nos recrearemos con las tradiciones navideñas de estos veinticinco países hermanos.

Necesitamos estar preparados para esos inolvidables momentos de recogimiento familiar alrededor del pesebre o el arbolito de Navidad. Y este libro acompañado del disco compacto que pongo en las manos de ustedes llenará ese vacío que todos hemos sentido. Él nos transportará a nuestras raíces y recuerdos de niñez, será la guía que nos hará vibrar con el sentido auténtico de Navidad y nos hará volver al cálido regazo de la abuelita y de los padres, cuando nos sentíamos, igual que ese Dulce Niño, con el derecho a ser amados y amar. Incluso, es mi deseo que personas que no son latinas, encuentren en estas páginas una

This Book and CD result from my desire to make Latin American Christmas traditions, including carol tunes and lyrics, prayers, stories, and art, available in both the English and Spanish languages. When my nieces and nephews asked me to teach them about the celebrations in our native cultures, I realized that such resources were not easily available. My memory alone could not convey the spirit of our rich traditional heritage. I also found this to be true for other Latino groups living in the United States.

When my family would reunite at Christmas, I found that we needed a better way to pass on our traditions. So, this present collection of traditional music, literature, prayers, and art, representing the expressions of as many as twenty-five Latin American countries, should meet the needs of my family and many others. As people come together to celebrate Christmas, this guide can both bring back memories of "home" and childhood, as well as teach others, thereby extending these memories into the present. Now new generations of Latin American children living in the United States can learn by participating in the message of Christmas in ways that will link them in spirit to their ancestors. I would also hope that non-Latino individuals will be attracted to this Book and CD to see the common threads in the ways we all celebrate Christmas and to increase their understanding of who we are as people and nations sharing the Christmas spirit throughout the world.

Naturally, many people contributed to a work of this magnitude, but I would especially like to express my appreciation to my seventeen-year-old niece, Michele Marie Ostroski, who offered to write the English version of the narrative in the first edition, now edited. What better way could there be for a young person to learn about her Latin American heritage!

In conclusion, it is my belief that Christmas is the supreme and universal gift of love from the Highest Love of all. Therefore, I want to contribute to this truth by offering part of the comprensión mayor de quiénes somos como pueblo y como nación.

Estoy tan orgullosa de mi sobrina, Michele Marie Ostroski, que a sus diecisiete años se ofreció a escribir, en la primera edición, la versión en inglés de las tradiciones navideñas. Su inmersión en este proyecto contribuyó al enriquecimiento de su herencia latina.

Coincido con todos ustedes en que la Navidad es la expresión de amor más universal y sublime que se ha dado en el mundo, enviada por Aquél que es la fuente de todo Amor. Para ser consecuente con ello, parte de las ganancias de este libro ayudarán a incrementar el Fondo de becas educativas para niños latinos que mantiene el Padre Bernardo Pistone en Lancaster, Pennsylvania. De manera que al calor de nuestras tradiciones estaremos creando un futuro mejor para la nueva generación de latinos en los Estados Unidos de América. ¡Que Navidad continúe siendo una fiesta de alegría y transparencia!

Charito Calvachi Wakefield
Otoño 1999
Lancaster, Pa.

profits on this project to the scholarship fund for young Latinos administered by Father Bernardo Pistone in Lancaster, Pa.

Charito Calvachi Wakefield
Fall 1999
Lancaster, Pa

Photo by José Urdaneta

Una Estrella Para La Vida

Todos necesitamos una estrella que ilumine la ruta de la vida.

Como los Reyes Magos, andamos buscando al Señor del Amor por caminos oscuros a veces, por barrancos peligrosos, por senderos de paz y armonía, en ocasiones. Y es preciso tener algo, Alguien, que nos guíe con dulzura, que nos prevenga de males y dé vigor al corazón para las horas duras. Como los Reyes Magos también nosotros tenemos una Estrella que brilla en el corazón e ilumina la existencia. ¡Esa estrella es el mismo Jesús! Camino que anda con nosotros, Verdad que nos exige y enseña, Vida que palpita en el corazón.

La Navidad está llena de símbolos, como éste de la Estrella. El "símbolo" es una señal que nos anuncia algo y que, además está cargado de afecto: los símbolos golpean el corazón. Así tenemos el Árbol de la vida, los "belenes" que hemos preparado con nuestras manos, los villancicos, las comidas propias de este tiempo. Todos son símbolos que nos hablan de lo más rico que llevamos en el alma.

Y para que los vivamos más jubilosamente se edita este libro y CD con los cantos que han resonado en nuestro corazón desde la infancia, con la Novena del Niño Dios que ha congregado en torno a la cunita del Amor a toda la familia, año tras año, con los cuadros que sintetizan toda la ternura de estos misterios.

Mantén las costumbres ricas de nuestro ser de Latinos y entrégalas palpitantes a tus hijos y allegados.

Salvemos este tesoro cultivándolo, cantándolo, mirándolo con amor. Así, la Estrella de Belén seguirá iluminando nuestra vida.

Marco Vinicio Rueda, S.J.

A Star For Life

Everyone needs a star to guide and brighten their way of life. Just as the Three Kings did long ago, we all search for the Lord of Love through paths that are at times dark and obscure, through roads that lead us near dangerous cliffs, and, upon occasion, through paths of peace and harmony. We all find it necessary to have something or someone to guide us with love, protect us from danger, and touch our hearts during the trials of life. Like the Three Kings, we also have a star that shines in our hearts and that gives light to our existence. That star is Jesus Christ who walks side by side with us in Truth, who teaches us in Faith, and who gives us the Life that beats in our hearts.

Christmas is full of symbols such as that of the star. Symbols are signs that announce the arrival of something that touches our hearts. These symbols include the Tree of Life, the nativity scene that we build with our own hands, Christmas carols, and special foods prepared for this season. All of these symbols which we carry in our hearts point to and glorify the Christ.

To remember all that these symbols represent and to further appreciate their deep meanings, Charito Calvachi Wakefield created this Book and CD and included carols that we cherish from our childhood, music that resonates in our hearts, songs that celebrate the Novena prayers of the Christ Child, and Christmas traditions that reflect the cradle of love in all of our families.

Through this Book and CD we hope to enhance and maintain our rich Latin customs and pass them on to our children, generation after generation. We hope to keep this treasure alive by nourishing it, singing it, and experiencing it with love. In this way, the star of Bethlehem will continue to illuminate our lives.

Marco Vinicio Rueda, S.J.

Los Villancicos Más Populares De Latinoamérica

THE MOST POPULAR LATIN AMERICAN CHRISTMAS CAROLS

Cantados por/ Sung by
Mariana Alarcón, Eduardo Calvachi Cruz, Rosi Calvachi Cruz,
Alicia Serrano de Durán, Gladis Monsalve de Granda y Charito Calvachi Wakefield.

Page

Versión folklórica interpretada por:

FOLKLORIC VERSION PLAYED BY:

Arreglos musicales/ Musical arrangements: **Rev. Irving Cotto.**

Terrence Cameron (Tambor metálico/Steel drum), **Ruth Cameron**, **Ricardo Calderón** (Percusión/ Percussion), **Benny Sánchez** (Cuatro/Puerto Rican guitar), **Jorge Manchola** (Guitarra/guitar), **José Marrero** (Guitarra/guitar), **Dante Sobrevilla-G.** (Guitarra y silbido/guitar and whistling). **Coro/Chorus:** Yvette Díaz, Enelly Betancourt, Linette Sánchez, Alexis Sánchez, Benny Sánchez and José Marrero.

Recorded at The Beat Company Recording Studio
Member of Computer Video Group
Leo Díaz, 1119 Harrisburg Pike, Lancaster, PA 17601 • (717) 393-5000.

1. CAMPANA SOBRE CAMPANA (13)

Campana sobre campana
y sobre campana: una,
asómate a la ventana,
verás al Niño en la cuna.

Belén, campanas de Belén
que los ángeles tocan
¿qué nuevas nos traéis? (Bis.)

Recogido tu rebaño
¿a dónde vas pastorcito?
Voy a llevar al portal
requesón, manteca y vino.

Belén, campanas de Belén
que los ángeles tocan
¿qué nuevas nos traéis? (Bis.)

Campana sobre campana
y sobre campana: dos,
asómate a la ventana
porque está naciendo Dios.

Belén, campanas de Belén
que los ángeles tocan
¿qué nuevas nos traéis? (Bis.)

Caminando a media noche
¿dónde caminas pastor?
Voy a llevar a aquel Niño
como a Dios mi corazón.

Belén, campanas de Belén
que los ángeles tocan
¿qué nuevas nos traéis? (Bis 4 veces.)

1. BELLS ARE RINGING (13)

Bells are ringing
one after another: one.
Come to the window,
you'll see the baby in the crib.

Bethlehem, Oh! bells of Bethlehem!
that the angels play:
What news do you bring us? (R.)

Little shepherd, where are you going
now that your flock has been gathered?
I am taking to the creche
cheese, butter, and wine.

Bethlehem, Oh! bells of Bethlehem!
that the angels play:
What news do you bring us? (R.)

Bells are ringing
one after another: two.
Come and see from the window
because God is being born.

Bethlehem, Oh! bells of Bethlehem!
that the angels play:
What news do you bring us? (R.)

Shepherd, where are you walking
at midnight?
I am taking my heart to the baby who is born
because He is my God.

Bethlehem, bells of Bethlehem
that the angels play:
What news do you bring us? (R. 4 times.)

2. LOS REYES MAGOS (14)

Llegaron ya los Reyes y eran tres:
Melchor, Gaspar y el negro Baltasar,
arrope y miel le llevarán
y un poncho blanco de alpaca real. (Bis.)

Changos y chinitas duérmanse
que ya Melchor, Gaspar y Baltasar,
todos sus regalos dejarán
para jugar mañana al despertar.

El Niño Dios muy bien lo agradeció
bebió la miel y el poncho lo abrigó
y fue después que sonrió
y a media noche el sol deslumbró.

Llegaron ya los Reyes y eran tres
Melchor, Gaspar y el negro Baltasar,
arrope y miel le llevarán
y un poncho blanco de alpaca real. (Bis.)

(Repetir las tres primeras estrofas.)

2. THE THREE KINGS (14)

The three Kings arrived and their names were
Melchor, Gaspar and Baltazar.
They brought Him syrup and honey,
and a white "poncho" of royal alpaca. (R.)

Boys and girls, go to sleep.
Melchor, Gaspar and Baltazar
will soon bring all the presents
so you can play tomorrow when you wake up.

Baby Jesus gave thanks.
He drank the honey and the "poncho" warmed him.
He smiled afterwards
making the sun dazzle at midnight.

The three Kings arrived and their names were
Melchor, Gaspar and Baltazar.
They take Him [illegible]yrup and honey,
and a white "po[illegible]" of royal alpaca. (R.)

(Repeat first 3 stanzas.)

3. DUERMETE NIÑO CHIQUITO (15)

Duérmete Niño chiquito
que la noche viene ya,
cierra pronto tus ojitos
que el viento te arrullará.
Y antón tiruliruliru
y antón tirulirulá.* (Bis.)
Jesús al pesebre vamos a adorar. (Bis.)

Se ha dormido en el regazo
de María, el Salvador,
para soñar dulcemente
música y cantos de amor.
Y antón tiruliruliru
y antón tirulirulá.* (Bis.)
Jesús al pesebre vamos a adorar. (Bis.)

3. GO TO SLEEP LITTLE BOY (15)

Go to sleep, little boy
the night is coming.
Quickly, close your little eyes
so the wind will lull you.
Y antón tiruliruliru
y antón tirulirulá.* (R.)
Let us adore Jesus in the manger. (R.)

The Savior has fallen asleep
in María's lap
to sweetly dream about
music and songs of love.
Y antón tiruliruliru
y antón tirulirulá.* (R.)
Let us adore Jesus in the manger. (R.)

Duérmete Niño chiquito
que tu madre velará
y con tu linda sonrisa
el mundo se alegrará
Y antón tiruliruliru
y antón tirulirulá.* (Bis.)
Jesús al pesebre vamos a adorar. (Bis.)

Go to sleep little boy
let your mother watch over you,
and with your beautiful smile
the world will be happy.
Y antón tiruliruliru
y antón tirulirulá.* (R.)
Let us adore Jesus in the manger. (R.)

4. CLAVELES Y ROSAS (16)

Claveles y rosas
la cuna adornad,
en tanto que un ángel
meciéndola está. (Bis.)

No llores mi Niño,
no llores mi Dios,
si te he ofendido
te pido perdón. (Bis.)

Al Niño pastores
venid a abrigad,
que la noche es fría
y empieza a llorar. (Bis)

De amores su pecho
abrasado está
quedémonos presto
su sed a apagar. (Bis.)

(Repetir las dos primeras estrofas.)

4. CARNATIONS AND ROSES (16)

Carnations and roses
adorn the crib,
while an angel
is rocking it. (R.)

Don't cry, my baby
don't cry, my God.
If I have offended you,
I apologize. (R.)

Come shepherds
to protect the baby,
because the night is cold
and He is starting to cry. (R.)

His heart is
full of love.
Let's stay here
to quench his thirst. (R.)

(Repeat the first 2 stanzas.)

5. LAS POSADAS (17)

¿Quién les da posada
a estos Peregrinos
que vienen cansados
de andar los caminos?

En nombre del Cielo

5. THE INN (17)

Who will give shelter
to these Pilgrims
who are tired
from walking on the roads?

In the name of the heavens,

os pido posada,
pues no puede andar
ya mi esposa amada.

Aquí no es mesón,
sigan adelante,
yo no puedo abrir,
no sea algún tunante.

Venimos rendidos
desde Nazareth,
yo soy carpintero
de nombre José.

No me importa el nombre,
déjenme dormir,
pues que yo les digo
que no hemos de abrir.

Mi esposa es María,
es Reina del Cielo,
y madre va a ser
del Divino Verbo.

¿Eres tú José?
¿Tu esposa es María?
Entren peregrinos,
no los conocía.

¡Entren Santos Peregrinos, Peregrinos!
reciban este rincón,
no de esta pobre morada,
sino de mi corazón. (Bis.)

6. LOS PECES EN EL RÍO (18)

La Virgen se está peinando
entre cortina y cortina,
los cabellos son de oro
y el peine de plata fina.
Pero mira cómo beben
los peces en el río,

I ask you for shelter
because my beloved wife
can not walk anymore.

Keep going!
This is not an inn.
I will not open the door
in case you are a crook.

We are exhausted.
We come from Nazareth.
I am a carpenter
and my name is Joseph.

I don't care about your name.
Let me sleep!
I am telling you,
we won't open this door.

My wife is Mary.
She is the Queen of the Heavens,
and she is going to be the mother
of the Divine Christ.

Are you Joseph?
Is Mary your wife?
Come in, Pilgrims!
I did not recognize you.

Come in Holy Pilgrims, Pilgrims!
Take this corner,
not of this poor house,
but of my heart. (R.)

6. THE FISH IN THE RIVER (18)

The Virgin is combing her hair.
They can see her between the curtains.
Her hair is golden
and her comb is fine silver.
Look how the fish
drink in the river.

pero mira cómo beben
al ver al Dios nacido,
beben y beben
y vuelven a beber,
los peces en el río
por ver a Dios nacer.

La Virgen está lavando
y tendiendo en un romero,
los pajarillos cantando
y el romero floreciendo.

Pero mira cómo beben
los peces en el río,
pero mira cómo beben
al ver al Dios nacido,
beben y beben
y vuelven a beber,
los peces en el río
por ver a Dios nacer.

La Virgen se está lavando
con un grano de jabón,
se le han picado las manos
¡manos de mi corazón!

(Repetir cuatro veces la cuarta estrofa.)

Look how they drink
when they see the new born baby God.
They drink and drink
and they drink again,
so that they can watch
the new born baby God.

The Virgin is washing
and hanging out clothes on the rosemary tree.
The little birds are singing
and the rosemary tree is blooming.

Look how the fish
drink in the river.
Look how they drink
when they see the new born baby God.
They drink and drink
and they drink again,
so that they can watch
the new born baby God.

The Virgin is washing her hands
with a little soap.
The hands, that I love
with all my heart!

(Repeat stanza 4 four times.)

7. NOCHE DE PAZ (19)

Noche de paz, noche de amor
todo duerme en derredor.
Entre los astros que esparcen su luz
bella anunciando al Niñito Jesús,
/brilla la estrella de paz. (Bis.)

Noche de paz, noche de amor
ved qué bello resplandor
luce en el rostro del Niño Jesús,
en el pesebre del mundo la luz,
/astro de eterno fulgor. (Bis.)

7. SILENT NIGHT (19)

Silent night! Holy night!
All is calm.
The peaceful star shines and foretells
the birth of the Baby Jesus.
/Among the heavenly body that scatters its light (R.)

Silent night! Holy night!
Shepherds quake at the sight!
Glories stream from heaven afar,
heavenly hosts sing, "Allelulia!"
Christ, the Savior is born! (R.)

Noche de paz, noche de amor,
llena el cielo de resplandor,
en las alturas resuena un cantar:
"Os anuncio una dicha sin par,
en la tierra ha nacido Dios,
hoy en Belén de Judá ".

8. A LA HUELLA, A LA HUELLA (20)

A la huella, a la huella, ¡José y María!
Por las pampas heladas,
cardos y ortigas.
A la huella, a la huella, cortando campo;
no hay cobijo ni fonda,
sigan andando.

Florecita del campo,
gloria en el aire,
si ninguno te aloja,
¿a dónde naces?

¿Dónde naces,
florcita que estás creciendo,
palomita asustada, grillo sin sueño?

A la huella, a la huella, ¡José y María!,
con un Dios escondido.
Nadie sabía.

A la huella, a la huella, ¡los Peregrinos!
Préstame una tapera para mi Niño.
A la huella, a la huella, soles sin luna,
os ojitos de almendra,
iel de aceituna.

Ay! Burrito del campo;
ay! Buey mansito;
ni Niño está viniendo;
áganle sitio.
Jn ranchito de pinchas sólo te ampara;
os alientos amigos,

Silent night, Holy night.
The sky is full of light.
A song can be heard in the highest:
"I bring you good news of great joy
for to you is born this day in the city of David a Savior,
who is Christ the Lord."

8. FOLLOWING THEIR OWN FOOTSTEPS (20)

Joseph and Mary followed the path
through cold and rough country,
full of thistle and nettles.
Joseph and Mary followed the trail,
crossing the countryside, but there was no
shelter or lodging so they continued walking.

Oh beautiful Baby! Who is like
a tiny little wild flower and glory of the air!
Where are you going to be born
if you find no shelter?

You, who are a little flower
that is going to bloom,
a frightened tiny dove, a sleepless cricket!

Joseph and Mary followed the trail
with a little hidden God
that nobody knew about!

The Pilgrims followed the trail and asked:
Give me a shack for our coming baby!
He is as pretty
as the sun and the moon,
He has almond eyes, and olive skin!

Oh! gentle donkey and ox,
my baby is coming:
give him some room!
This little ranch,
your two friendly beasts,

la luna clara.

A la huella, a la huella, ¡José y María!,
con un Dios escondido.
Nadie sabía. (Bis.)

9. HACIA BELÉN VA UNA BURRA (21)

Hacia Belén va una burra, ***rin rín,***
yo me remendaba, yo me remendé,
yo me heché un remiendo, yo me lo quité,*
cargada de chocolates.
Lleva su chocolatero, ***rin rín,***
yo me remendaba, yo me remendé,
yo me heché un remiendo, yo me lo quité,*
su molinillo y su anafe.

María, María, ven acá corriendo,
que el chocolatillo se lo están comiendo. (Bis.)

En el portal de Belén, ***rin rín,***
yo me remendaba, yo me remendé,
yo me heché un remiendo, yo me lo quité,*
ladroncillos han entrado.
Y al Niño que está en la cuna, ***rin rín,***
yo me remendaba, yo me remendé,
yo me heché un remiendo, yo me lo quité,*
los pañales le han robado.

María, María, ven acá corriendo,
que los pañalillos los están robando. (Bis.)
En el portal de Belén, ***rin rín,***
yo me remendaba, yo me remendé,
yo me heché un remiendo, yo me lo quité,*
han entrado los ratones.
Y al pobre de San José, ***rin rín,***
yo me remendaba, yo me remendé,
yo me heché un remiendo, yo me lo quité,*
le han roído los calzones.

and the clear moon
are all that He has.

Joseph and Mary followed the trail
with a little hidden God
that nobody knew about! (R.)

9. A DONKEY GOES TO BETHLEHEM (21)

A donkey goes to Bethlehem, ***rin rin,***
I was busy doing this, I was busy doing that,
and I did it again,*
and he is loaded with chocolates.
She takes her chocolate pot, ***rin rin,***
I was busy doing this, I was busy doing that,
and I did it again,*
her mill and her cooker.

Mary, Mary, come here, hurry!
Because they are eating the little chocolates. (R.)

Little thieves have come in, ***rin rin,***
I was busy doing this, I was busy doing that,
and I did it again,*
to Bethlehem's manger.
And they have stolen the diapers, ***rin rin,***
I was busy doing this, I was busy doing that,
and I did it again,*
of the baby who is in the crib.

Mary, Mary, come here, hurry!
Because they are stealing the little diapers. (R.)
The mice have come, ***rin rin,***
I was busy doing this, I was busy doing that,
and I did it again,*
to the manger of Bethlehem.
And poor Saint Joseph! ***rin rin,***
I was busy doing this, I was busy doing that,
and I did it again,*
because the mice have nibbled his breeches.

María, María, ven acá corriendo,
que los calzoncillos los están royendo. (Bis.)

10. EN BRAZOS DE UNA DONCELLA (22)

En brazos de una doncella
un infante se dormía (Bis.)
y en su lumbre parecía
sol nacido de una estrella. (Bis.)

Quisiera Jesús del alma
calentarte con mi aliento (Bis.)
y decirte lo que siento
en mi pobre corazón. (Bis.)

Quisiera Niño adorado
enjugar hoy tus mejillas (Bis.)
esas lindas florecillas
que el dolor, ¡ay! marchitó. (Bis.)

Al mundo tienen admirado
tal infante, tal doncella (Bis.)
que en su lumbre han semejado
sol nacido de una estrella. (Bis.)

11. EL TAMBORILERO (23)

El camino que lleva a Belén
aja hasta el valle que la nieve cubrió.
Los pastorcillos quieren ver a su Rey,
e traen regalos en su humilde zurrón.
Ropo pon pón, ropo pon pón.*
Ha nacido en un portal de Belén
l Niño Dios.

o quisiera poner a tus pies
lgún presente que te agrade Señor,
as tú ya sabes que soy pobre también,
no poseo más que un viejo tambor.
opo pon pón, ropo pon pón.*

Mary, Mary, come here, hurry!
Because they are nibbling the breeches. (R.)

10. IN THE VIRGIN'S ARMS (22)

In the Virgin's arms
an infant sleeps. (R.)
The infant looks like a sun
that came from a star. (R.)

Jesus of my soul,
I would like to warm you with my breath (R.)
and tell you how much
I feel for you. (R.)

Adored Baby Jesus,
I would like to rinse your cheeks, (R.)
which are two pretty flowers
being languished by the world's pain. (R.)

The baby boy and the Virgin
are admired by the whole world, (R.)
because the infant looks like
a sun that came from a star. (R.)

11. THE DRUMMER BOY (23)

The snow has covered the path that
leads to the valley in Bethlehem.
The little shepherds want to see their King;
they bring Him presents in their humble pouch.
Ropo pon pon, ropo pon pon.*
Baby Jesus has been born
in a manger at Bethlehem.

I would like to put at your feet
a present that you will like, Lord,
but you already know that I am so poor,
and I don't have anything except a humble drum.
Ropo pon pon, ropo pon pon.*

En tu honor frente al portal tocaré
con mi tambor.

El camino que lleva a Belén,
lo voy marcando con mi viejo tambor.
Nada mejor hay que le pueda ofrecer,
su ronco acento es un canto de amor.
Ropo pon pón, ropo pon pón.*
Cuando Dios me vio tocando ante él,
me sonrió.

12. SUENA LA PANDERETA (24)

Una pandereta suena,
una pandereta suena,
yo no sé por dónde irá,
salmirandillo arandandillo
salmirandillo arandandá,*
cabo de guardia alerta está.

No me despiertes al niño,
no me despiertes al niño
que ahora mismo se durmió,
salmirandillo arandandillo
salmirandillo arandandá,*
cabo de guardia alerta está.

Que lo durmió una zagala,
que lo durmió una zagala,
como los rayos del sol,
salmirandillo arandandillo
salmirandillo arandandá,*
cabo de guardia alerta está.

(Repetir todo.)

*Estas son palabras que se cantan e incluyen en la canción a pesar de que no tienen ningún sentido, o son onomatopeyas, es decir, palabras que imitan un sonido.

I will play my drum in your honor,
in front of the manger.

I am marking with my old drum
the path that goes to Bethlehem.
I don't have anything better to offer Him,
and even its harsh tone is a song of love.
Ropo pon pon, ropo pon pon.*
When God saw me playing my drum before Him,
He smiled at me.

12. THE TAMBOURINE RINGS (24)

A tambourine rings,
a tambourine rings,
I don't know where it is.
Salmirandillo arandandillo
salmirandillo arandanda,*
the corporal is alert.

Do not wake up the child,
do not wake up the child,
he just went to sleep.
Salmirandillo arandandillo
salmirandillo arandanda,*
the corporal is alert.

A girl put him to bed,
a girl put him to bed,
her hair is like the sun rays.
Salmirandillo arandandillo
salmirandillo arandanda,*
the corporal is alert.

(Repeat all.)

*These are nonsense syllables or words used as onomatopoeia, to suggest a sound or rhythm.

La Novena de Navidad

NINE DAYS OF PRAYERS BEFORE CHRISTMAS

Por/By

Marco Vinicio Rueda, S.J.

DÍA PRIMERO: LA ANUNCIACIÓN
DICIEMBRE 16
Canto inicial.
Todos: En el nombre del Padre, del Hijo y del Espíritu Santo. Amén.

1. Lectura Bíblica.
Lector: Lectura del Evangelio según San Lucas.
No temas, María, porque has hallado gracia delante de Dios; vas a concebir en el seno y vas a dar a luz un hijo, a quien pondrás por nombre Jesús. El será grande y será llamado Hijo del Altísimo, y el Señor Dios le dará el trono de David, su padre; reinará sobre la casa de Jacob por los siglos y su reino no tendrá fin.
Dijo María: He aquí la esclava del Señor; hágase en mí según tu palabra. Y el ángel, dejándola, se fue. (Lucas 1,30-33;38)
Lector: Palabra de Dios. *Todos: ¡Gloria a tí, Señor!*

2. Consideración del día.
María: es Dios quien te ha escogido para ser su Madre. Su mensajero te busca en la soledad y en la pobreza de tu casita de Nazareth. Y cuando has dicho tu palabra de rendimiento y amor -"Hágase"-, en el silencio augusto de tu ser ha comenzado a palpitar una nueva vida de Hombre para salvarnos a todos. *También a mí me ha escogido el Padre para hacer algo grande en la vida, a través de mi trabajo y alegría. Que yo aprenda a decir contigo: "Hágase en mí, según tu Palabra".* *Lector: Breve tiempo de oración en silencio.*

3. Plegaria común.
- Para que sepamos escuchar la voz de Dios que nos señala el camino de la vida, roguemos al Senor.
R. Escucha, Señor, nuestra oración.
- Para que en el silencio y la sencillez de la vida de todas las horas, pensemos siempre en hacer algo grande para los demás, roguemos al Señor.
R. Escucha, Señor, nuestra oración.
- Para que contemos siempre con la ayuda de nuestro Padre Dios para cumplir la vocación que a cada uno nos señala con amor, roguemos al Señor.
R. Escucha, Señor, nuestra oración.
Lector: Pueden añadirse otras peticiones personales.

4. Oración final.
Señor, que has querido poner tu casa entre nosotros y compartir nuestra vida humana, haz que nosotros compartamos tu vida de Dios. *Todos: Así sea.*
Canto final.

FIRST DAY: THE ANNUNCIATION
DECEMBER 16
Opening song.
All: In the name of the Father, the Son, and the Holy Spirit. Amen.

1. Biblical Reading.
Reading from the Epistle of Luke.
And the angel said to her, "Do not be afraid, Mary, for you have found favor with God. And behold, you will conceive in your wom and bear a son, and you shall call his name Jesus. He will be great and will be called the Son of the Most High; and the Lord God will give to him the throne of his father David, and he will reign over th house of Jacob for ever; and of his kingdom there will be no end." And Mary said, "Behold, I am the handmaid of the Lord; let it be to me according to your word." And the angel departed from her. (Lu 1,30-33;38)
The word of the Lord. *All: Thanks be to Go*

2. Reflection.
Mary, it is God who has chosen you to be his mother. His messen is looking for you in the solitude and poverty of your little house i Nazareth. And when you had said your word of surrender and lo "Let it be to me according to your word", in the royal silence of yo heart a new life began, a new life of Man for the salvation of all. *The Father has also chosen me to do something big in my life through work and happiness. Would I learn to say with you, "Le be to me according to your word".* *Moment of Siler*

3. Prayers of the faithful.
- That we learn to hear God's voice guiding our life's path, let us p to the Lord.
R. Lord, hear our prayers.
- That in the silence and simplicity of life, and at every hour we can always think of doing something great for others, let us p to the Lord.
R. Lord, hear our prayers.
- So that we will depend on the Lord Our God to accomplish the ing that each one of us has received with love, let us pray to the Lord.
R. Lord, hear our prayers. *(Pray now for your own nee*

4. Final prayer.
Lord, you who have wanted to establish your house among us share our human life, let us share your life in God. *All: A*
Final song.

La Anunciación

The Annunciation

La Visitación De María A Su Prima

The Visitation

DÍA SEGUNDO: LA VISITACIÓN DE MARÍA A SU PRIMA
DICIEMBRE 17

Canto inicial.

Todos: En el nombre del Padre, del Hijo y del Espíritu Santo. Amén.

1. Lectura Bíblica.

Lector: Lectura del Evangelio según San Lucas.

Y sucedió que, en cuanto oyó Isabel el saludo de María, saltó de gozo el niño en su seno, e Isabel quedó llena del Espíritu Santo; y exclamando con gran voz, dijo: Bendita tú entre todas las mujeres y bendito el fruto de tu seno; y de dónde a mí que la madre de mi Señor venga a mí?

Y dijo María: Engrandece mi alma al Señor y mi Espíritu se alegra en Dios mi salvador. (Lucas 1, 41-43; 46-47)

Lector: Palabra de Dios.

Todos: ¡Gloria a tí, Señor!

2. Consideración del día.

Quisiste, Madre, compartir la alegría de tu alma contando el misterio de tu amor a tu prima Isabel, y también nos abriste a nosotros el corazón cuando exclamaste: "Mi espíritu se alegra en Dios, porque ha puesto sus ojos en la humildad de su esclava".

Yo también debo compartir mi gozo con amigos y compañeros, y decirles lo feliz que soy porque tengo fe, y porque el corazón rebosa de esperanza. Dios ha puesto sus ojos en la pequeñés de mi vida.

Lector: Breve tiempo de oración en silencio.

3. Plegaria común.

- Para que comprendamos que todo nuestro poder y nuestra dicha viene de Dios, roguemos al Señor.

R. Escucha, Señor, nuestra oración.

- Para que con María comprendamos que Dios derriba a los potentados de sus tronos, y exalta a los humildes, roguemos al Señor.

R. Escucha, Señor, nuestra oración.

- Para que contemos con que Dios acogerá el clamor de los pobres de América latina, roguemos al Señor.

R. Escucha,Señor, nuestra oración.

Lector: Pueden añadirse otras peticiones personales.

4. Oración final.

Gracias, Señor, porque has hecho que tu Madre venga a nosotros y nos traiga el don tuyo, llenándonos del Espíritu de tu Amor.

Todos: Así sea.

Canto final.

SECOND DAY: THE VISITATION
DECEMBER 17

Opening song.

All: In the name of the Father, the Son, and the Holy Spirit. Amen.

1. Biblical Reading.

Reading from the Epistle of Luke.

And when Elizabeth heard the greeting of Mary, the babe leaped in her womb; and Elizabeth was filled with the Holy Spirit and she exclaimed with a loud cry, "Blessed are you among women, and blessed is the fruit of your womb! And why is this granted me that the mother of my Lord should come to me?"

And Mary said, "My soul magnifies the Lord, and my spirit rejoices in God my Savior." (Luke, 1, 41-43; 46-47)

The word of the Lord. *All: Thanks be to God.*

2. Reflection.

Mother, you shared your happiness by telling the mystery of your soul to your cousin Elizabeth, and you also opened your heart to us when you said: " My soul glorifies the Lord who has looked upon the humility of his servant."

I also have to share my happiness with friends and tell them how joyful I am because I have faith and because my heart is full of hope. God has looked upon the little things of my life.

Moment of Silence.

3. Prayers of the faithful

- That we can understand that all our power and happiness come from God, let us pray to the Lord.

R. Lord, hear our prayers.

- That we can understand that as he did with Mary, God knocks down rulers from their thrones and exalts the humble, let us pray to the Lord.

R. Lord, hear our prayers.

- That we can be sure that God will hear the cries of Latin America's poor, let us pray to the Lord.

R. Lord, hear our prayers.

(Pray now for your own needs.)

4. Final prayer.

Thank you, Lord, for having sent your mother to us to bring us your gift, and fill us with the spirit of your love.

All: Amen.

Final song.

Viaje A Belén

Journey To Bethlehem

DÍA TERCERO : VIAJE A BELÉN
DICIEMBRE 18
Canto inicial.
Todos: En el nombre del Padre, del Hijo y del Espíritu Santo. Amén.

1. Lectura Bíblica.
Lector: Lectura del Evangelio según San Lucas.
Sucedió que por aquellos días salió un edicto de César Augusto, ordenando que se empadronase todo el mundo. Iban todos a empadronarse, cada uno a su ciudad. Subió también José desde Galilea, de la ciudad de Nazareth, a Judea, a la ciudad de David, que se llama Belén, por ser él de la casa y familia de David, para empadronarse con María, su esposa que estaba encinta. (Lucas, 2,1; 3, 4-5)
Lector: Palabra de Dios. *Todos: ¡Gloria a tí, Señor!*

2. Consideración del día.
A traves de los acontecimientos de la vida realizas, Señor, tus planes. Y hay que tener ojos para encontrarte a tí.
María tiene que marchar no obstante su estado de gravidez avanzada. Con paciencia, con paz, con amor a ti y a José. Lleva la luz en sus entrañas, y un canto en el corazón.
Yo tambien tengo que tomar la vida así: con paciencia, con paz y con amor. *Lector: Breve tiempo de oración en silencio.*

3. Plegaria común.
- Para que no separemos nuestro vivir cristiano de la vida ordinaria, roguemos al Señor.
Escucha, Señor, nuestra oración.
- Para que pongamos paz y amor en nuestra casa, centro de estudios o sitio de trabajo, roguemos al Señor.
Escucha, Señor, nuestra oración.
- Para que no veamos el contratiempo y el dolor únicamente como algo negativo, sino sepamos descubrir en ellos lo positivo que encierran, roguemos al Señor.
Escucha, Señor, nuestra oración.
Lector: Pueden añadirse otras peticiones personales.

4. Oración final.
Señor, que con ojos de fe te veamos como compañero de nuestro viaje por la vida, y sepamos que tú siempre nos esperas al final con amor.
Todos: Así sea.
Canto final

THIRD DAY: JOURNEY TO BETHLEHEM
DECEMBER 18
Opening song.
All: In the name of the Father, the Son, and the Holy Spirit. Amen.

1. Biblical Reading.
Reading from the Epistle of Luke.
In those days a decree went out from Caesar Augustus that all the world should be enrolled. And all went to be enrolled, each to his own city. And Joseph also went up from Galilee, from the city of Nazareth, to Judea, to the city of David, which is called Bethlehem, because he was of the house and lineage of David, to be enrolled with Mary, his betrothed, who was with child. (Luke, 2, 1; 3-5).
The word of the Lord.
All: Thanks be to God.

2. Reflection.
Through the events of life you, Lord, fulfill your plans. One has to have eyes to see you. Mary needs to go in spite of her advanced pregnancy.
With patience, peace, and love for you and Joseph, she carries the Light inside her and a song in her heart.
I also need to live my life with patience, peace, and love.
Moment of Silence.

3. Prayers of the faithful.
- That we do not go away from our Christian ways in the ordinary life, let us pray to the Lord.
R. Lord, hear our prayers.
- That we can have peace and love in our house, school, or work, let us pray to the Lord.
R. Lord, hear our prayers.
- That we do not see our trials and pains only as a negative thing, but that we also know how to discover their positive side, let us pray to the Lord.
R. Lord, hear our prayers.
(Pray now for your own needs.)

4. Final prayer.
Lord, may we see you with faithful eyes as a fellow traveler on the path of life, and may we know always that you are waiting with love at the end of the journey.
All: Amen.
Final song.

El Nacimiento

The Nativity

DÍA CUARTO: NACIMIENTO
DICIEMBRE 19

Canto inicial.
Todos: En el nombre del Padre, del Hijo y del Espíritu Santo. Amén.

1. Lectura Bíblica.

Lector: Lectura del Evangelio según San Lucas.
Y sucedió que mientras ellos estaban allí, se le cumplieron los días del alumbramiento, y dio a luz a su hijo primogénito, lo envolvió en pañales y lo acostó en un pesebre, porque no tenían sitio en el alo-amiento. (Lucas, 2, 6-7)
ector: Palabra de Dios.
Todos: ¡Gloria a tí, Señor!

2. Consideración del día.

Noche, pobreza, silencio, pequeñez: es todo lo que encuentro en tu ueva rústica. Pero en la noche brilla el Sol. En la pobreza está el Dueño de todo. En el silencio, el Señor de la Historia, y en la equeñez, el inmensamente Grande.
ue yo aprenda a descubrir este nuevo programa que cambiaría el undo, apagando las ambiciones, soberbias y odio de nuestra tie-ra. Y tiene que empezar este cambio por alguien, por mí.
ector: Breve tiempo de oración en silencio.

. Plegaria común.

Para que penetremos en el misterio de Jesús: hombre pequeñito y ios inmenso, roguemos al Señor.
Escucha, Señor, nuestra oración.
Para que abramos el corazón de par en par, y demos hospedaje al mor, roguemos al Señor.
Escucha, Señor, nuestra oración.
Para que con María guardemos todas estas cosas en el corazón, y hagamos realidad en nuestras vidas, roguemos al Señor.
Escucha, Señor, nuestra oración.
ctor: Pueden añadirse otras peticiones personales.

Oración final.

ñor, nace en mi vida, para que unido a ti en el silencio y en la paz, eda ayudar a mis hermanos.
dos: Así sea.
nto final.

FOURTH DAY: THE NATIVITY
DECEMBER 19

Opening song.
All: In the name of the Father, the Son, and the Holy Spirit. Amen.

1. Biblical Reading.

Reading from the Epistle of Luke.
And while they were there, the time came for her to deliver. And she gave birth to her first-born son and wrapped him in swaddling clothes, and laid him in a manger, because there was no place for them in the inn. (Luke, 2, 6-7).
The word of the Lord.
All: Thanks be to God.

2. Reflection.

Night, poverty, silence, smallness: these are the things I find in your rustic cave. But at night, the Sun shines. In poverty, the Owner of everything is present. In silence the Lord of History is present, and in the smallness, the Biggest of all is present.
Lord, help me to discover the new plan that will change the world by eradicating the ambition, the pride, and the hatred of our land. Let me be aware that this change has to start with me.
Moment of Silence.

3. Prayers of the faithful.

- That we can comprehend the mystery of Jesus: little man and great God, let us pray to the Lord.
R. Lord, hear our prayers.
- That we can open wide our hearts and receive love, let us pray to the Lord.
R. Lord, hear our prayers.
- That we, together with Mary, keep all these things in our hearts and make them a reality in our lives, let us pray to the Lord.
R. Lord, hear our prayers.
(Pray now for your own needs.)

4. Final prayer.

Lord, come to my life so that I, joined with you in silence and peace, can help my brothers and sisters.
All: Amen.
Final song.

Los Pastores De Belén

Bethlehem's Shepherds

ÍA QUINTO: PASTORES DE BELÉN
ICIEMBRE 20

anto inicial.

odos: En el nombre del Padre, del Hijo y del Espíritu Santo. Amén.

. Lectura Bíblica.

ector: Lectura del Evangelio según San Lucas.

l ángel les dijo: No teman porque les anuncio una gran alegría, que será para todo el pueblo: les ha nacido hoy, en la ciudad de David, n salvador, que es el Cristo Señor y esto les servirá de señal: encontarán un niño envuelto en pañales y acostado en un pesebre. Y de onto se juntó con el ángel una multitud del ejército celestial, que ababa a Dios, diciendo: Gloria a Dios en las alturas y en la tierra paz los hombres en quienes Él se complace. (Lucas, 2, 10-14)

ector: Palabra de Dios.

dos: ¡Gloria a tí, Señor!

Consideración del día.

n los pobres, los sencillos, los que reciben el anuncio. Y la señal de buena nueva -que es alegría para nosotros- es la de un niño, vuelto en pañales, recostado, en un cajón para dar de comer a las stias! Todo esto para gloria en las Alturas y paz en la Tierra.

r eso yo puedo estar seguro que el mensaje es también para mí, soy pequeño. Que puedo ser inundado de paz, si acojo al Salvador e ha nacido como una gran alegría para el mundo.

ctor: Breve tiempo de oración en silencio.

Plegaria común.

ara que vivamos la limpia alegría de tener un salvador para todos, uemos al Señor.

Escucha, Señor, nuestra oración.

ara que vayamos con alegría a su búsqueda, roguemos al Señor.

Escucha, Señor, nuestra oración.

ara que entreguemos nuestros pequeños regalos, los del corazón, amor, roguemos al Señor.

Escucha, Señor, nuestra oración.

tor: Pueden añadirse otras peticiones personales.

ración final.

también nosotros, Señor, anunciemos a los demás la alegría de r un Salvador para los problemas del mundo.

s: Así sea.

to final.

FIFTH DAY: BETHLEHEM'S SHEPHERDS
DECEMBER 20

Opening song.

All: In the name of the Father, the Son, and the Holy Spirit. Amen.

1. Biblical Reading.

Reading from the Epistle of Luke.

And the angel said to them, "Be not afraid; for behold, I bring you good news of a great joy which will come to all the people; for to you is born this day in the city of David a Savior, who is Christ the Lord. And this will be a sign for you: you will find a babe wrapped in swaddling clothes lying in a manger." And suddenly there was with the angel a multitude of the heavenly hosts praising God and saying, "Glory to God in the highest, and on earth peace among men with whom he is pleased!" (Luke, 2, 10-14).

The word of the Lord. *All: Thanks be to God.*

2. Reflection.

The poor and the destitute are the ones who receive the announcement and the sign of the good news that mean happiness for all of us: the news of the baby, wrapped in swaddling clothes, sleeping in a manger made of a box that was used to feed the beasts! All of this happened for the glory of God in the Highest and peace on Earth.

This is why I can be sure that the message is also for me, even though I am a simple child. I can be filled with peace if I choose the Savior who has come as a great joy to the world.

Moment of Silence.

3. Prayers of the faithful.

- That we can live with the simple happiness of having a Savior for everybody, let us pray to the Lord.

R. Lord, hear our prayers.

- That we can look for Him with happiness, let us pray to the Lord.

R. Lord, hear our prayers.

- That we can give our presents, the presents of the heart with love, let us pray to the Lord.

R. Lord, hear our prayers. *(Pray now for your own needs.)*

4. Final prayer.

Lord, let us also proclaim the good news that we have a Savior who gives us light to solve the problems of the world.

All: Amen.

Final song.

Los Reyes Magos

The Magi

ÍA SEXTO: LOS REYES MAGOS
ICIEMBRE 21

anto inicial.

odos: En el nombre del Padre, del Hijo y del Espíritu Santo. Amén.

. Lectura Bíblica.

ector: Lectura del Evangelio según San Mateo.

llos, después de oir al rey, se pusieron en camino, y he aquí, que la strella que habían visto en el Oriente iba delante de ellos hasta que egó y se detuvo encima del lugar donde estaba el niño. Al ver la strella se llenaron de inmensa alegría. Entraron en la casa; vieron al ño con María su madre y, postrándose, le adoraron; abrieron luego s cofres y le ofrecieron dones de oro, incienso y mirra. (Mateo, 2, -11)

ector: Palabra de Dios. *Todos: ¡Gloria a tí, Señor!*

Consideración del día.

ay que contar con una luz que nos guíe en el camino, y seguirla n docilidad y constancia. Se esconde a ratos, pero brilla en el stante preciso.

cuando se encuentra la Verdad, hay que entregar los cofres: la da -así con mayúscula- se conquista jugándose el todo por el do.

ector: Breve tiempo de oración en silencio.

Plegaria común.

ara que tengamos sed de conocer el sentido de la vida, y minemos en su búsqueda, roguemos al Señor.

Escucha, Señor, nuestra oración.

ara que no nos desencantemos de Jesús, como no se desencan- on los Reyes al encontrarlo pequeño y humilde, roguemos al ñor.

Escucha, Señor, nuestra oración.

ara que entreguemos de verdad a Dios el homenaje de nuestro nor, de nuestra oración, de nuestro dolor, roguemos al Señor.

Escucha, Señor, nuestra oración.

ctor: Pueden añadirse otras peticiones personales.

Oración final.

eres, Señor, la estrella que nos guía. Podemos tropezar en el nino, pero no perder la ruta, siempre que te sigamos con amor. údanos tú mismo.

dos: Así sea.

nto final.

SIXTH DAY: THE MAGI
DECEMBER 21

Opening song.

All: In the name of the Father, the Son, and the Holy Spirit. Amen.

1. Biblical Reading.

Reading from the Epistle of Matthew.

When they had heard the king they went their way; and lo, the star which they had seen in the East went before them, until it came to rest over the place where the child was. When they saw the star, they rejoiced exceedingly with great joy; and going into the house, they saw the child with Mary, his mother, and they fell down and worshipped him. Then, opening their treasures, they offered him gifts of gold, frankincense, and myrrh. (Matthew, 2, 9-11).

The word of the Lord.

All: Thanks be to God.

2. Reflection.

We need to have a light to guide our way, and we need to follow it with gentleness and courage. Sometimes the light is hidden, but it always shines at the precise moment when it is needed.

And when the Truth is found, it is necessary to give away every-thing: which is LIFE, yes, Life with capital letters. Life is conquered by surrendering one's all.

Moment of Silence.

3. Prayers of the faithful.

- That we thirst to find the meaning of life, let us pray to the Lord.

R. Lord, hear our prayers.

- That we may be like the Magi, who were not disenchanted with Jesus when they found him small and humble, let us pray to the Lord.

R. Lord, hear our prayers.

- That we can give truly to God the homage of our love, our prayers, our pain, let us pray to the Lord.

R. Lord, hear our prayers.

(Pray now for your own needs.)

4. Final prayer.

You are, Lord, the star that guides us. We can stumble on the way, without losing the route, if we follow you with love. Help us, Lord.

All: Amen.

Final song.

La Huída A Egipto

Escape To Egypt

)ÍA SÉPTIMO: HUÍDA A EGIPTO
)ICIEMBRE 22
'anto inicial.
ɔdos: En el nombre del Padre, del Hijo y del Espíritu Santo. Amén.

. Lectura Bíblica.
ector: Lectura del Evangelio según San Mateo.
espués que ellos (los Magos) se retiraron, el Angel del Señor se pareció en sueños a José y le dijo: Levántate, toma contigo al niño y su madre y huye a Egipto; y estate ahí hasta que yo te diga. orque Herodes va a buscar al niño para matarle. El se levantó, tomó e noche al niño y a su madre y se retiró a Egipto. (Mateo, 2, 13-4)
ector: Palabra de Dios.
ɔdos: ¡Gloria a tí, Señor!

Consideración del día.
egoísmo, la ambición, el odio, entonces y ahora, quieren eliminar a sús. En la gran historia y en la pequeña de cada corazón.
on la obediencia a la voz del Ángel, todos los planes contra Él uedaron frustrados.

í también nosotros: si escuchamos la voz externa de la Iglesia, y palabra suave del corazón, podemos frustrar los planes de la co-upción y del orgullo.
ctor: Breve tiempo de oración en silencio.

Plegaria común.
'ara que el Señor nos haga dóciles a su voz, roguemos al Señor.
Escucha, Señor, nuestra oración.
'ara que aceptemos el dolor y aún la misma muerte, por ser fieles a Verdad y a la Justicia, roguemos al Señor.
Escucha, Señor, nuestra oración.
ara que aprendamos a vivir en circunstancias dificiles sin perder la z y la esperanza, roguemos al Señor.
Escucha, Señor, nuestra oración.
tor: Pueden añadirse otras peticiones personales.

)ración final.
ior, que como María camino a Egipto llevaba a su Hijo con dolor pero con inmenso amor, fundiendo la vida con su suerte, así tam-n nosotros, utilicemos la vida para salvar a nuestros hermanos.
los: Así sea.
ato final.

SEVENTH DAY: ESCAPE TO EGYPT
DECEMBER 22
Opening song.
All: In the name of the Father, the Son, and the Holy Spirit. Amen.

1. Biblical Reading.
Reading from the Epistle of Matthew.
Now when they had departed, behold, an angel of the Lord appeared to Joseph in a dream and said, "Rise, take the child and his mother, and flee to Egypt, and remain there until I tell you; for Herod is about to search for the child to destroy him. And Joseph rose and took the child and his mother by night, and departed to Egypt. (Matthew, 2, 13-14).
The word of the Lord.
All: Thanks be to God.

2. Reflection.
Then and today, selfishness, ambition, and hatred want to eliminate Jesus, both from the big history of humanity, and the little one of the human heart. With the obedience to the Angel's voice, all the plans against him were frustrated.
It is the same with us: If we listen to the voices of those who are inspired, and the soft voice of the heart, we can frustrate the plans of corruption and pride.
Moment of Silence.

3. Prayers of the faithful.
- That God may make us obedient to His voice, let us pray to the Lord.
R. Lord, hear our prayers.
- That we may accept pain and even death itself, because of our faithfulness to Truth and Justice, let us pray to the Lord.
R. Lord, hear our prayers.
- That we can learn to live under difficult circumstances without losing our peace and our hope, let us pray to the Lord.
R. Lord, hear our prayers.
(Pray now for your own needs.)

4. Final prayer.
Lord, just like Mary who on the way to Egypt carried her son with pain, but also with immense love blending joy with sorrow, let us also carry our pains with the same spirit.
All: Amen.
Final song.

El Niño Perdido Y Hallado

Child: Lost and Found

DÍA OCTAVO: NIÑO PERDIDO Y HALLADO
DICIEMBRE 23

Canto inicial.

Todos: En el nombre del Padre, del Hijo y del Espíritu Santo. Amén.

. Lectura Bíblica.

Lector: Lectura del Evangelio según San Lucas.

Al no encontrarle, se volvieron a Jerusalén en su busca. Y sucedió que al cabo de tres días, le encontraron en el Templo sentado en medio de los maestros, escuchándoles y preguntándoles; todos los que le oían estaban estupefactos por su inteligencia y sus respuestas. Cuando le vieron, quedaron sorprendidos, y su madre le dijo: Hijo, ¿Por qué nos has hecho esto? Mira, tu padre y yo, angustiados, te andabamos buscando. El les dijo: ¿Y por qué me buscabais? ¿No sabíais que yo debía estar en la casa de mi Padre? (Lucas, 2, 45-49)

Lector: Palabra de Dios. *Todos: ¡Gloria a tí, Señor!*

Consideración del día.

Pasó Jesús por el dolor de entristecer a su Madre y a José para ser fiel a la misión de su Padre de anunciarlo en el templo, sin que lo supieran ellos.

También nosotros debemos estar dispuestos a ser fieles a las exigencias de Dios (en los estudios, la profesión, el matrimonio) aún cuando se nos parta el alma, y sin quererlo destrocemos al corazón de los más íntimos.

Lector: Breve tiempo de oración en silencio.

Plegaria común.

Que como Jesús subió al templo para observar la ley, así también nosotros cumplamos nuestros deberes religiosos, roguemos al Señor.

Escucha, Señor, nuestra oración.

Para que conservemos la serenidad y la paz en los momentos de prueba, roguemos al Señor.

Escucha, Señor, nuestra oración.

Para que con libertad de espíritu realicemos las exigencias de Dios, roguemos al Señor.

Escucha, Señor, nuestra oración.

Lector: Pueden añadirse otras peticiones personales.

Oración final.

que conociste la mordedura del dolor al hacer sufrir a tu Madre, quedándote en el templo, cura nuestras heridas del alma, cuando las aceptemos por ser fieles a tu ley.

Todos: Así sea. *Canto final.*

EIGHTH DAY: CHILD: LOST AND FOUND
DECEMBER 23

Opening song.

All: In the name of the Father, the Son, and the Holy Spirit. Amen.

1. Biblical Reading.

Reading from the Epistle of Luke.

And when they did not find him, they returned to Jerusalem seeking him. After three days they found him in the temple, sitting among the teachers, listening to them, and asking them questions; and all who heard him were amazed at his understanding and his answers. And when they saw him they were astonished; and his mother said to him, "Son, why have you treated us so? Behold, your father and I have been looking for you anxiously." And he said to them, "How is it that you sought me? Did you not know that I must be in my Father's house?" (Luke, 2, 45-49).

The word of the Lord. *All: Thanks be to God.*

2. Reflection.

Jesus had to suffer the pain of bringing sadness to his mother and Joseph, so that He could be faithful to the mission of His Father, which was to announce Him to the temple.

We also need to be willing to comply with God's demands (at work, at school, in our profession, in our marriage) even when we are hurting , or even when we are hurting others.

Moment of Silence.

3. Prayers of the faithful.

- That we can comply with our religious obligations, as Jesus did when he went to the Temple, let us pray to the Lord.

R. Lord, hear our prayers.

- That we can remain serene and peaceful in moments of crisis, let us pray to the Lord.

R. Lord, hear our prayers.

- That we, with spiritual freedom can comply with God's demands, let us pray to the Lord.

R. Lord, hear our prayers. *(Pray now for your own needs.)*

4. Final prayer.

Lord, you who experienced the sting of pain when you made your mother suffer when you stayed in the temple, cure the wounds of our soul when we accept them in order to follow your law.

All: Amen. *Final song.*

La Vida En Nazareth
Nazareth

DÍA NOVENO: LA VIDA EN NAZARETH
DICIEMBRE 24
Canto inicial.
Todos: En el nombre del Padre, del Hijo y del Espíritu Santo. Amén.

1. Lectura Bíblica.
Lector: Lectura del Evangelio según San Lucas.
Bajó con ellos y vino a Nazareth, y vivía sujeto a ellos. Su madre conservaba cuidadosamente todas las cosas en su corazón. Jesús progresaba en sabiduría, en estatura y en gracia ante Dios y ante los hombres. (Lucas, 2, 51-52)
Lector: Palabra de Dios.
Todos: ¡Gloria a tí, Señor!

2. Consideración del día
Dos frases para resumir toda una vida. Obediencia, trabajo, oración, amor, silencio. Esa es la vida de un carpintero en un pequeño pueblo, hace dos mil años. Y es la vida más plena, más luminosa, más fecunda. *Que yo también aprenda a vivir mi pequeña vida en el silencio y la esperanza de lo grande, como realización personal y servicio a los demás.* *Lector: Breve tiempo de oración en silencio.*

3. Plegaria común.
- Para que sepamos tomar la vida de cada día, siempre con ojos nuevos, roguemos al Señor.
R. Escucha, Señor, nuestra oración.
- Para que no juzguemos a los demás por sus apariencias sencillas y humildes, roguemos al Señor.
R. Escucha, Señor, nuestra oración.
- Para que en nuestro hogar, en nuestro sitio de trabajo, en nuestra comunidad, contribuyamos a formar un grupo de amistad y de alegre servicio, roguemos al Señor.
R. Escucha, Señor, nuestra oración.
Lector: Pueden añadirse otras peticiones personales.

4. Oración final.
Que así como Nazareth fue un nido de cariño, un taller de trabajo y un altar de oración, así también nuestro pequeño corazón sea un nido para los otros, taller de justicia para el mundo, y altar de oración para nuestro Dios.
Todos: Así sea. *Canto final.*

NINTH DAY: NAZARETH
DECEMBER 24
Opening song.
All: In the name of the Father, the Son, and the Holy Spirit. Amen.

1. Biblical Reading.
Reading from the Epistle of Luke.
And he went down with them and came to Nazareth, and was obedient to them; and His mother kept all these things in her heart. And Jesus increased in wisdom and in stature, and in favor with God and man. (Luke, 2, 51-52).
The word of the Lord.
All: Thanks be to God.

2. Reflection.
These few words summarize His life: obedience, work, prayer, silence. That was the life of a carpenter in a little town two thousand years ago, and that is the most fulfilling, fertile, and shining life.
May I learn to live my small life in the silence and hope of great things such as personal fulfillment and service to others.
Moment of Silence.

3. Prayers of the faithful.
- That we may learn to take each day as a new beginning, always with new eyes, let us pray to the Lord.
R. Lord, hear our prayers.
- That we do not judge others on the basis of their poor and simple appearance, let us pray to the Lord.
R. Lord, hear our prayers.
- That we contribute to forming a friendly community by giving happy service to others in our home, our place of work, and our community, let us pray to the Lord.
R. Lord, hear our prayers.
(Pray now for your own needs.)

4. Final prayer.
Just like Nazareth was a haven of love, a workshop, and an altar of prayer, so let our little hearts be a haven to others, a workshop of justice for the world, and an altar of praise to our God.
All: Amen.
Final song.

Tradiciones Navideñas En Los Países Latinoamericanos

CHRISTMAS TRADITIONS IN LATIN AMERICAN COUNTRIES

English version courtesy of Michele Marie Ostroski

Navidad en Argentina

El amor al país es algo que los argentinos sienten con todas las fibras de su ser. Y, por supuesto, en Navidad, las tradiciones de la temporada recogen las expresiones más profundas de cariño a su tierra, su gente y su familia. El regocijo de los momentos que se pasan con la familia y los amigos en Navidad son un verdadero tesoro para el corazón de los argentinos.

La Navidad es una temporada llena de fiestas y reuniones a las que asisten muchas personas, pues los argentinos hacen de la Navidad una celebración llena de gozo y felicidad. Se bebe mucho, aunque sin exceso, para disfrutar realmente de la compañía de los seres queridos.

Rodeada de un aura de nostalgia, tal vez por su misma significación trascendente, la Navidad da la oportunidad a las abuelitas de volver a sus recuerdos y de compartirlos con las generaciones presentes. Ellas son testigos de la época en que las familias se reunían con los vecinos en las calles del barrio, llevando cada cual un plato de comida que ponían a la disposición de todos. La cena se extendía al final en cantos navideños, que los argentinos llaman *villancicos.* Por desgracia, esta es una tradición que pertenece hoy al pasado.

Actualmente, en los hogares y a lo largo de todo el país se hace la representación de la escena del nacimiento a la que se llama *pesebre.* Los barrios a menudo tienen una representación viva del *pesebre* en la que los participantes se visten de María, José, los pastores, los ángeles o los reyes. Este evento que recrea el nacimiento del Niño Jesús se presenta a todo el vecindario.

Es una costumbre pedir a los niños que, con cierta anticipación escriban una carta a Papá Noel, pidiéndole regalos. En Nochebuena, al igual que cada noche del año, los niños acostumbran tomar un baño antes de ir a la cama. Ese momento es el que los padres aprovechan para poner los regalos debajo del árbol de Navidad. No sólo los niños reciben regalos sino también los adultos. Al final, todos terminan con más de un regalo. Los regalos de Navidad se abren en Argentina a las 12 en punto de la noche, ni un minuto más ni un minuto menos.

Hay una variedad de platos que se sirven en la cena de Nochebuena, sin embargo, el más conocido y exquisito de ellos es el que en el mundo entero se conoce como las *parrilladas o asados argentinos.*

Las fiestas navideñas son, sobre todo, una época de entretenimiento que calienta el corazón y los buenos recuerdos de los argentinos.

Christmas in Argentina

Argentineans share a special love for their country. This is reflected in their Christmas traditions. Time spent with family and close friends is especially treasured during the Christmas holidays.

Argentineans make Christmas a happy holiday filled with various kinds of music and numerous parties. It is a time to drink and to enjoy each other's company.

Grandmothers tell how neighbors used to buy, prepare, and share food during neighborhood parties. People would also sing traditional Christmas carols and dance to popular rhythms. These traditions are now gone.

The birth of Christ is still represented throughout the country. Pesebres*, which are nativity scenes, are shown in many homes. Many neighborhoods have a live nativity scene. The events leading up to Christ's birth are performed as a community play with people portraying Mary, Joseph, shepherds, angels, kings, and so forth.

Several weeks before Christmas, it is customary for children to write a letter to Santa Claus telling him what they want for Christmas. On Christmas Eve while children are preparing for bed, their parents put the presents under the Christmas tree. Everyone receives presents on this special day, and they are opened exactly at midnight on Christmas Eve.

Many dishes are served for Christmas dinner, but Parrillada or asado argentino*, which is a meat based main dish is the most well-known dish.

The Christmas season in Argentina is, more than anything else, a holiday of amusement and happiness. The happiness of the season warms the hearts of all Argentineans.

Navidad en Bahamas

Las celebraciones de Navidad en las islas Bahamas comienzan en Nochebuena y generalmente terminan el 1o. de enero. La temporada de Navidad se concreta a una cena de Nochebuena, los villancicos, las decoraciones típicas navideñas que engalanan los hogares y una celebración que tiene características muy particulares en este país.

En Navidad se preparan cuidadosamente unos sabrosos platos con mariscos que son la delicia diaria de la mesa en este país: moluscos crudos sazonados con limón y especierías, cangrejo empanizado, estofado de almejas, langosta bahamiana, cangrejo de tierra al vapor o al horno y pescado con sémola de maíz, así como jamón y pavo. El acompañante de estos platos usualmente es arroz con guisantes. Vale la pena mencionar una sopa que la llaman *souse* hecha de jugo de limón, cebollas, apio, pimientos y agua, a la que se agrega una cola de burro o patas de cerdo.

Los villancicos de Navidad más populares en Bahamas son los conocidos tradicionalmente, aunque en estas islas se entonan acompañados de instrumentos de percusión que hacen eco a los ritmos del *calypso* caribeño y el *goombay* usando el tambor metálico. Los títulos de los villancicos favoritos son "Noche de Paz", "El Tamborillero", "Blanca Navidad" y "Pequeño Pueblo de Belén".

Hay muchas decoraciones navideñas dentro y fuera de la casa así como en los edificios. Se colocan entre otras, luces de colores y de diferentes diseños, decoraciones que van en los patios, siluetas luminosas, Papá Noeles y ángeles. Los árboles de Navidad se arreglan muy elaboradamente en los hogares isleños.

Las Bahamas tiene una fiesta que por la forma de celebrarse es única en este país. Esta tradición tan especial es conocida con el nombre de *Junkanoo.* Se originó en los siglos XVI y XVII, durante la esclavitud, cuando en Navidad se empezó a otorgar a los esclavos un tiempo de disipación con sus seres queridos. Imitando a sus antepasados, ellos encontraban en este breve descanso la oportunidad de bailar y vibrar al ritmo del tambor africano. A falta de vestimentas apropiadas y de otros artefactos simbólicos, se recogían materiales como costales y cuernos cubiertos de piel que se colocaban sobre la cabeza. En este siglo esta celebración ha evolucionado hasta convertirse en un desfile formal y sofisticado en el que bandas de músicos "corren" de un lado a otro entonando canciones y danzas que se basan en un tema específico previamente seleccionado para cada año. Las calles están engalanadas con banderas hechas con papel *crepé.* Papeles de un sinfín de colores se pegan a los trajes y a los tocados de cabeza. También se hacen máscaras de madera liviana a la que se colocan plumas o cintas doradas, o se usa una falda en forma de triángulo y papeles plateados que cuelgan de ella. Incluso se hacen ciertas piezas para sujetarse en el cuello con franjas de diversos colores y lentejuelas. El color dominante es el rojo, pero también el amarillo, el morado, el verde, el azul y el dorado. La música se entona con cencerros y tambores hechos de piel de cabra. También se usan cuernos, conchas, pitos y otros instrumentos de percusión.

Esta celebración tan sentida se lleva a cabo el día de Navidad, así como el último día de diciembre. La herencia africana del pueblo de Bahamas, que en los tiempos de la esclavitud era un eco triste y nostálgico, se ha convertido en una expresión de orgullo y reconciliación con la verdad histórica de este valioso pueblo.

Christmas in Bahamas

In the Bahamas, Christmas celebrations begin on Christmas Eve and generally end on January 1. This season is defined by the Christmas meal, Christmas carols, and decorations. But there is a unique celebration in the Bahamas.

On Christmas Day, many delicious, authentic seafood filled dishes that are on the menu year-round are carefully prepared: uncooked conch (sprinkled with lime juice and spices) or cracked conch (deep-fried) or conch chowder, the Bahamian rock lobster (boiled or baked), land crabs and boiled fish with grits, or even ham or turkey. These dishes are often accompanied by pigeon peas and rice. Another food worth mentioning is soup (the souse*), made of lime juice, onions, celery, peppers and water to which ox-tail or pig's feet is added.

Popular carols in the Bahamas are the traditional songs including "Silent Night", "Drummer Boy", "White Christmas", and "O Little Town of Bethlehem". These are played using various percussion instruments that echo the Caribbean Calypso and Bahamian Goombay beats originated from the African rhythms.

The decorations are a dominant part of the celebration in the Bahamas. Both the exterior and interiors of homes and other buildings are festive with colorful lights in many designs, ornaments, yard decorations, silhouettes, lighted ornaments, Santa Claus, angels and so forth. Christmas trees in the homes are elaborately decorated.

A unique celebration for the Bahamas is the tradition called Junkanoo*. It is a celebration believed to have originated in the 16th and 17th centuries during the times in which slaves were given a special holiday at Christmas time to celebrate with their loved ones. They danced African rhythms with drum music and wore costumes made of plain dark gunny sack material and skin covered horn head pieces. Now the celebration has evolved to a formal, even sophisticated parade with bands rushing through the streets playing a theme song and wearing costumes to go along with the theme that they have chosen for that particular year. The streets hold banners intricately designed in crepe paper. Strips of colorful paper have been glued to clothing or beautiful headdresses. People wear a mask of light wood with feathers, or just a skirt in a triangle form with a matching head design with silver lace hanging from it, or a wide collar piece with white and blue stripes and sequins. Red is the dominant color as well as bright yellow, purple, green, blue and gold. Songs are played with drums made of goatskin, cowbells, conchshells, horns, whistles, and other percussion instruments.

This joyous celebration is held on Christmas Day (Boxing Day) as well as the last day of December.

Navidad en Belice

Belice es un país con una variedad de grupos étnicos. Los tres grupos principales son los *creole* (de descendencia africana), los *mestizos* (de descendencia maya y española), y los *garifuna* (de descendencia también africana). Otra parte muy significativa de la población son los descendientes de España e India del Este. Los grupos minoritarios de Belice son los chinos, árabes y otros grupos étnicos. Aproximadamente el 58% de los beliceños son católicos romanos, 34% son protestantes. El 8% de la población está configurada por pequeños grupos de personas que pertenecen a la religión Bahai' y a la Musulmana. Incluso hay un pequeño grupo de Menonitas europeos. El lenguaje oficial de Belice es el inglés; sin embargo, la mayoría habla español, así como también el idioma *creole potois.* Las celebraciones de Navidad varían considerablemente debido a la diversidad de estos grupos étnicos.

Los festejos navideños comienzan principalmente unas dos semanas antes del 25 diciembre, aunque esa fecha puede variar de acuerdo a cada grupo. Empero, todas las celebraciones terminan el 6 de enero.

El viajero puede observar que a través de pueblos y ciudades se colocan decoraciones típicas y europeas. Las ramas de crotón y otras decoraciones pequeñas hechas con conchas y conos de pino son las escogidas para decorar la casa cada año. En la cultura de Belice está enraizado el hecho de que cada año se compran decoraciones nuevas y pequeñas que hacen la alegría de la gente. La escena del establo de Belén es el símbolo que más identifica estas fiestas. En él, el pequeño Niño Jesús y los Tres Reyes Magos son muy importantes. También Papá Noel es un personaje que actualmente es muy conocido por los niños.

En Belice se entonan muchos cantos navideños de Europa y de Estados Unidos. El conocido villancico Noche de Paz es uno de los favoritos. Sin embargo, en los últimos años, la música del Caribe llamada *bud* y *dancehall* ha incrementado su popularidad.

El grupo que pertenece a la cultura mestiza celebra las *Posadas,* que es una tradición bíblica basada en la historia de Jesús antes de su nacimiento, cuando sus padres pedían refugio para pasar la noche. Durante este evento, músicos y familiares llevan sus marimbas de casa en casa, en un lapso de diez días, buscando un lugar para hacer descansar al Niñito Jesús. Finalmente, una casa es elegida para recibirlo y una gran celebración se lleva a cabo por la alegría de su aceptación.

Luego de que los *garífunas* fueron expulsados de la isla Saint Vincent, se refugiaron en Belice y Honduras. Debido al encanto de sus danzas, tanto sus celebraciones como su religión se van difundiendo a través de la costa de América Central. Una de ellas es la tradición de los tambores y la danza de casa en casa de la leyenda de *John Canoe*, iniciada en la época de la esclavitud. Este nombre es una de las variaciones con las que se conoce en otros países a la fiesta de origen africano llamada *Junkanoo.* En ella se exalta la memoria de un valeroso esclavo que exigió a sus patrones que se les permitiera reunirse y expresarse a la usanza de sus tradiciones africanas. Sus amos consintieron en ello otorgándoles un tiempo de descanso el día de Navidad. Así se explica lo inusual de la apariencia de la gente que participa en esta fiesta, que imita la presencia de un jefe africano. Hombres con caras y cuerpos pintados, y algunos incluso con plumas, bailan delante de las casas parados en zancos con la esperanza de ser invitados a comer. Curiosamente, estos visitantes producen miedo en algunos niños del barrio y usualmente éstos corren a esconderse. Los padres utilizan este miedo para exigir a los niños que se porten bien durante el año, de otro modo ellos llamarían a *John Canoe* a su casa. La música que acompaña esta celebración no sólo sirve para bailar sino también para contar historias que educan sobre el significado de la vida.

Los días del 24 al 26 son muy importantes en Belice. La mayoría de las personas asisten a Misa, ya que hay una mayoría católica. El 25 de diciembre se prepara un gran festival de Navidad. A las 12 del mediodía se sirve la cena. Amigos y familiares se reúnen para esta comida tan dichosa. El siguiente día continúa lleno de entusiasmo y entretenimiento feliz. Las personas allegadas se reúnen en fiestas en las que se cantan villancicos, se da gracias por todo, se sirve más comida y se expresa todo el amor que se tiene dentro.

Hay varios platos típicos de temporada y cada grupo étnico tiene su comida propia. De todos modos, jamón y ñame son una adición universal a las típicas comidas navideñas. Los platos típicos de los *creoles* son arroz, frijoles, ensalada de papa, pavo, pasteles y relleno. Los *mestizos* comen tamales, escabeche, relleno, tortillas de maíz y pasteles. Los *garífunas* comen arroz, fréjol, pavo, *hudut* (plátano verde) y pescado horneado. Prácticamente, comen lo que pueden sacar del mar, debido a que las comidas del 25 se hacen un día antes.

La Navidad es un tiempo que se comparte con los seres queridos. A ellos se les entrega calidad de tiempo mientras se celebra esta temporada hermosa. El corazón se siente inspirado a elevar una oración de gracias por todo lo que se tiene.

Christmas in Belize

Belize is a country with a variety of ethnic groups. The three main groups are Creole* (African descent), Mestizo* (Spanish-Maya), and the Garifuna* (African descent). Another significant part of the population is also of Spanish and East Indian descent. Chinese, Arabs, and other ethnic groups are in the minority in Belize. While 58% of the Belizan population is Roman Catholic, 34% are Protestant. The Bahais and Muslims form only 8% of the population. A small Mennonite community of European origin is also present. Even though English is the official language in Belize, Spanish is spoken by the majority of the people as well as Creole patois* (a vernacular language). Because of this variety among the peoples of Belize, Christmas celebrations vary.

Celebrations begin primarily a couple of weeks before December 25th. However, within each ethnic group and community, the start of the Christmas season may vary slightly. All celebrations are completed on January 6.

Throughout the towns and cities, typical European and American decorations are displayed. Crotons and small decorations made from shells and pine cones are popular decorations for the home. A common tradition in Belize stresses the purchase of new small items for decorations. The manger scene is probably the most familiar symbol, with Baby Jesus and the Three Wise Men having a significant place in the nativity scene. Santa Claus is also popular with the children.

Mainly European and American carols are played in Belize. Favorites include "Silent Night". However, in recent years, Caribbean music such as bud* and dancehall* has become increasingly popular.

The Mestizos* celebrate the Posadas*, a very religious tradition. During this 10 day period, musicians including marimberos* (people who play marimbas*) and families go from house to house searching for a place for Baby Jesus to rest. Finally a house is chosen to host the Christ child and a huge celebration occurs once the child is accepted in this house.

The Garifunas* were chased from the Caribbean island of St. Vincent and settled in Belize and Honduras. They have their own celebrations and religion which have slowly spread throughout the coast of Central America. One such tradition is the drumming and dancing of the legend of John Canoe (which more likely is a etymological derivation of the Junkanoo celebrated in Bahamas and Jamaica). For some people, it is a celebration that honors an ancient African slave who demanded that his people be able to celebrate their African traditions and was granted a short time to do so during the Christmas season. That explains the grandeur of their costumes that are used resembling king's outfits. They go from house to house using the music for storytelling and dancing.

The most important days of Christmas are the 24th through the 26th. On December 24th, many people attend mass since many are Catholic. On the 25th, a huge Christmas feast is prepared and served at midday. Family and friends gather together for this joyous meal. The following day is filled with excitement and entertainment. Christmas parties are held in people's homes where carols are sung, praise is given to God, more food is eaten, and love is expressed.

Many different dishes are typical of the Christmas meal in Belize. The ethnic group that one belongs to determines what is eaten for Christmas. However, ham and yams are a universal addition to most of the Christmas meals. Typical dishes of the Creoles* are rice, beans, potato salad, turkey, stuffing, and cake. The Mestizos* eat tamales*, rellenos* (stuffing), escabeche* (pickled fish), corn tortillas* and cake. The Garifunas* eat rice and beans, turkey, hudut* (plantain), and baked fish. Because the preparations for the 25th are done the day before, they mainly eat what foods are available during that season of the year.

Even though Christmas is celebrated in a slightly different manner depending on the ethnic group, Christmas is a time spent with loved ones. Family and friends spend time with each other, celebrating the joyous season and giving thanks for their good fortune.

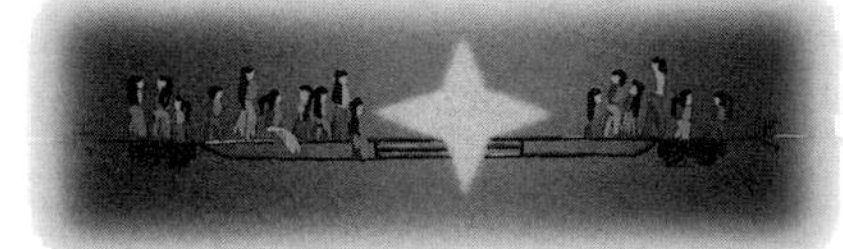

Navidad en Bolivia

En el país andino de Bolivia donde está La Paz, la sede de gobierno más alta del cono sur, la Navidad es más una festividad religiosa y espiritual que un despliegue de luces brillantes y decoraciones. El modo de celebrarla está muy ligado a los recursos económicos con los que cuenta la familia ese año y a la región en que se vive. Hay regiones de tierras altas en los Andes y de tierras bajas, a nivel del mar, con clima caliente todo el año. El aspecto económico tiene una influencia notoria en estas fiestas, pues en Bolivia así como en otros países latinoamericanos hay una gran brecha que divide a ricos y pobres.

Mas para contento de todos, la Navidad es algo esperado con mucho entusiasmo por las comunidades rurales. Como cinco o cuatro semanas antes de Navidad los chicos empiezan, escondidos de sus madres, a conseguir utensilios de cocina o cualquier otro objeto que haga ruido para recorrer las calles con ellos haciendo bulla al pasar. Chicos y adultos recorren las calles cantando, tocando y bailando los entrañables villancicos. Generalmente, no es la ilusión de recibir juguetes la que mueve el entusiasmo de los niños y adultos por la Navidad, sino el hecho de que el pueblo entero se reunirá para cocinar, comer, jugar fútbol y conversar.

La gente que vive en las áreas urbanas del país tiene la tendencia a orientar estas fiestas más a la vivencia familiar. Sin embargo, los chicos de familia siempre encuentran oportunidad de escaparse para reunirse con sus amigos. Juntos ya, se disfrazan con ropas de adultos (sacos y pantalones grandes) y se pintan la cara de negro. De este modo sus papás no los reconocerán cuando los vean en la calle y no los regresarán a casa. Consecuentemente, de incógnito, forman el grupo de *Los Negritos del barrio*, que irá cantando villancicos navideños por las calles, bailando y tocando bombos, pitos y platillos.

En los sectores donde hay iglesias, la gente asiste en Nochebuena a la *Misa del Gallo*, que es siempre considerado un acto solemne y especial. Esta es la misa que se celebra por el nacimiento del Niño Jesús. Todos regresan de ella con mucha paz y alegría en el corazón. Nuevamente en casa se come comida típica o se continúa cantando y bailando, pero no sólo villancicos sino otras danzas y cantos del folklore boliviano que es tan florido.

Los platos de la cena varían de acuerdo a la región, mas hay ciertas comidas que se comen en todo el país como el lomo asado de puerco o de res, papas al horno, ensalada de lechuga, rodajas de tomate y cebolla, *locotos* o frijoles y abundante bebida. Otro plato delicioso es la sopa hecha con vegetales, choclo fresco, vino, papas, tres clases de carnes y especerías como el clavo de olor.

Aquellos que han tenido recursos para comprar regalos los entregan el día de Navidad, otros disfrutan comiendo en compañía de la familia o el grupo comunitario. No es común en Bolivia ver luces o decoraciones ostentosas desplegadas por todos lados en esta época. La Navidad es eminentemente la fiesta de la alegría del corazón. El despliegue de luces se reserva para la bienvenida del Año Nuevo.

Christmas in Bolivia

"In a country that is economically divided, a Bolivian family's financial standing dictates the way in which Christmas is celebrated within the household. However, Christmas in Bolivia is more a religious and spiritual celebration than it is a display of lights and decoration, and even severe poverty cannot diminish this most joyous of occasions.

With much anticipation the rural community prepares itself for Christmas. As early as four or five weeks prior to Christmas, children seek out objects that will be fashioned into noisemakers; these handmade instruments will be played as the children run gleefully through ıe town on Christmas day. The month of December ɪrings both children and adults into the streets filling the ›wn with singing and merriment. It is not the presents ɪnd gifts that make the occasion exciting for the children, ut rather the fact that the whole town will gather to ɔok, eat, play soccer, and chat.

The urban areas of Bolivia celebrate in a slightly ifferent way and tend to make Christmas a family oriɪnted event. Still, the children manage to find time to ɛlebrate the holiday with friends by donning disguises, ancing through the streets, and playing instruments, ɹch as bombos* (bass drums), pitos* (whistles), and latillos* (cymbals).

On Christmas Eve a Midnight Mass is held to onor the birth of Baby Jesus. Afterwards, people will ɛturn home, still in a joyous mood, where they will eat elicious traditional dishes and continue dancing to carls and other folk music.

In Bolivia, Christmas dishes vary greatly, epending on the region, though some dishes are comɪon throughout the country. Such dishes include pork r roasted beef loin, baked potatoes, fresh corn, garden alad, wedges of tomato and onion, locotos* (chili), and ɪany drinks. Another menu includes soup made with egetables, fresh corn, wine, potatoes, three types of ɪeat and spices such as cloves.

On Christmas Day, gifts are exchanged when ppropriate. Others are content with just having a meal ɪith family and friends. Throughout Bolivian towns and ities, there are few elaborate Christmas decorations. ights and displays are few and Christmas trees are bsent. All colorful displays are reserved for the New 'ear's Eve celebration." (English version courtesy of 'erónica Smith and Collin P. Harvey.)

Navidad en Brasil

"Feliz Natal" es la versión portuguesa de "Feliz Navidad" en Brasil. En este país sudamericano del Atlántico, las celebraciones comienzan en noviembre y terminan el 6 de enero. Esta última fecha es llamada "Dia de Reis" o día en que los Tres Reyes Magos visitaron al Niño Jesús en Belén. Dentro de Brasil, las decoraciones y las celebraciones mismas varían enormemente entre la ciudad y el campo. Generalmente mientras más grande es la ciudad, más grande y elaborada es la representación navideña.

En Brasil el verano cae en el mes de diciembre. Las escuelas están de vacaciones y los niños pasan felices estos días preparándose para la Navidad. En síntesis, las actividades navideñas se concretan en decorar el árbol de Navidad, hacer la propaganda de Papá Noel, representar la escena de Navidad, intercambiar regalos y cenar en Nochebuena preparando diligentemente la comida para invitar a amigos y familiares.

En las ciudades pequeñas, especialmente las que quedan en el noreste y el interior del país, las Navidades son de lo más tradicionales. La celebración tiene lugar en la iglesia, en la plaza del centro de la ciudad o del pueblo, que es el lugar donde se reúne toda la gente del pueblo. Esta área es brillantemente decorada con pequeñas banderas y lámparas. A lo largo de la plaza se ubican *barraquinhas* o puestos de negocios que venden comida típica como el *mugunzá* (pudín de maicena), *pé-de-moleque* (dulce de maní), *arroz-doce* (arroz con leche), tapioca, *brigadiero* (bocados de chocolate), *beiju* (pastel de tapioca) y *acarajé* (pastel de fréjol frito en aceite y relleno con cangrejo y salsa). En los puestos de ventas se realizan dramas especiales de Navidad llamados pescaria. Los grupos de danzantes bailan la danza folklórica *bumba-meu-boi.* Se presentan también otras obras folkóricas de teatro llamadas reizados. Las canciones de Navidad tienen el nombre de *Pastoris* y se cantan junto al pesebre, acompañándose de panderetas, mientras los demás tocan la guitarra y los instrumentos de viento. Además, se realiza una danza llamada *Changaca,* que cuenta la historia del conflicto entre moros y cristianos en la época de las cruzadas.

El parque de diversiones entretiene a los niños y durante todo el día se sirve helado hecho de maracuyá, *mangaba* (fruta del árbol de mangabetira), *abacaxi* (piña) y *pitanga* (una fresa de Suriname) que son frutas típicas de Brasil. Así se combate la temperatura caliente típica de estas celebraciones. Por el micrófono se pasan mensajes de amor para los jóvenes enamorados y el ambiente del día entero es de entretenida y vívida tradición al ritmo de la samba brasileña.

Christmas in Brazil

"Feliz Natal!"* is the Portuguese greeting for Merry Christmas in Brazil. In this South American country, Christmas celebrations begin in November and continue until January 6th. The 6th of January, also called Dia de Reis*, is the day for celebrating the arrival of the Three Wise Men who visited the Christ Child in Bethlehem. Within Brazil, the celebrations and decorations of the season vary greatly from rural to urban areas. Generally, the bigger the city, the more elaborate the Christmas observance.

In Brazil, it is summertime in December. Schools are closed for the year, and the children joyfully spend their summer vacation preparing for Christmas. Christmas trees are decorated, Santa Claus is advertised, the nativity scene is depicted, the exchange of gifts occurs, and a Christmas feast is diligently prepared by family and friends.

In smaller cities, especially in the northeast and the interior of Brazil, the most traditional celebrations of Christmas time are observed. Located in the center of the city or town is the church square where the celebrations take place. This central place is brightly decorated with small flags and lamps. Throughout the square, barraquinhas* or market stalls can be seen. These stalls sell typical food such as mugunzá* (corn pudding), pé-de-moleque* (peanut candy), arroz-doce* (rice pudding), tapioca* (tapioca), brigadiero* (chocolate candy bits), beiju* (tapioca cake), and acarajé* (a bean cake fried in palm oil filled with shrimp and salsa).

Special Christmas plays and games called pescaria* are also performed at the stalls. Groups of dancers retell a story from Brazilian folklore, the bumba-meu-bui*. More folk plays, known as reizados*, are performed throughout the day. Pastoris* are Christmas carols which are sung at the Nativity scene by a group of people rattling tambourines, playing the guitar, or wind instruments. The changaca* which is a dance that tells the story of the conflict that arose between the Muslims and the Christians during the Crusades is also performed. An amusement park also entertains the children.

Ice cream drinks with different fruits which are typical in Brazil such as maracujá* (passion fruit), mangaba* (fruit of the mangabetira tree), abacaxi* (pineapple), and pitanga* (Suriname cherry) are served during the day. These drinks are very refreshing because it is very hot during the celebrations. Over a loud speaker, love messages between young boys and girls are broadcast. The mood of the entire day reveals lively and entertaining traditions.

Navidad en Chile

Debido a la influencia europea no española y al bajo porcentaje de grupos étnicos indígenas, las Navidades en Chile difieren de algún modo de las del resto de los países latinoamericanos, principalmente, en que estas fiestas no tiene elementos folklóricos. Chile es básicamente un país católico, pero más desde el punto de vista social que de la práctica religiosa, pues sólo el 10% de la población es católica practicante. Debido a ello, se tienen pesebres en las iglesias, no en los hogares. Asimismo, se reza la Novena en las iglesias, los nueve días antes de Navidad, pero asiste muy poca gente. Todo esto es el resultado de la fuerte creencia que los chilenos tienen en la separación del estado y la iglesia.

Al igual que en otros países de América del Sur, la época de Navidad en Chile corresponde al clima caliente del verano. Las preparaciones de Navidad empiezan en noviembre, pues los chilenos comienzan a comprar regalos para amigos y familiares con un mes de anticipación. También se compra el árbol de Navidad una semana antes del 24 de diciembre y los almacenes despliegan los juegos de luces brillantes en sus vitrinas.

En Nochebuena las familias se reúnen, especialmente en la casa de los abuelos, y traen los regalos para todos. Los regalos no se esconden sino que se depositan debajo del árbol bien empaquetados y adornados. Los niños creen en Papá Noel, mas en Chile es llamado *Viejo Pascuero*. Su vestimenta es la misma que se conoce en todo el mundo y su labor es traer regalos y dulces. Estos últimos se colocan en las medias navideñas que se han colgado previamente para recibir caramelos y golosinas. Se prepara una cena completa que se sirve a las 9 p.m. En ella se come pavo asado con *castañas,* ensalada de papa con mayonesa, ensalada de apio con *palta* (aguacate), ensalada de repollo con manzana, arroz con pasas y otra ensalada de *betarraga.* En la mesa hay siempre un platillo con aceitunas negras. También se come mariscos, pescado y cóctel de centolla. Se sirven los famosos vinos chilenos para acompañar la cena. Como postre se come el *Pan de Pascua* que se vende en todas las panaderías. Éste contiene fruta confitada, almendras, nueces y pasas y es muy alto debido a la levadura con que lo hacen. No faltan las galletas de Navidad y la torta de merengue, crema y *lúcumas* o frutillas. Hay una bebida conocida con el nombre de *Cola de Mono*, que es un ponche hecho de pisco con café con leche, azúcar y canela y es muy suave. Se sirve en todas las casas una semana antes de Navidad hasta el día de Año Nuevo. Otra bebida popular es el *rompón,* que se hace con ron, leche, yemas de huevo, vainilla y azúcar, y se sirve frío cuando los amigos vienen de visita por la temporada navideña.

La cena se termina a las 12 de la noche, hora en la que se abren los regalos. La dueña de casa va leyendo los nombres de los regalos y todos reciben el suyo. Seguidamente los niños se van a dormir y los adultos continúan la velada *picoteando* dulces, turrón y mazapán. No se canta ni se baila, pues no es una tradición navideña cantar villancicos, sino que se conversa animadamente. Sin embargo, todos conocen el cántico navideño "Noche de Paz".

Se duerme hasta entrada la tarde del 25 de diciembre, así que se almuerza a las 2 ó 3 de la tarde con la familia. Se comen las sobras del día anterior a las que se agrega puré de papa, pastel de choclo o las conocidas y sabrosas *empanadas chilenas*. El postre del 25 es la *Chirimoya Alegre*, que se hace con chirimoya, jugo de naranja y azúcar.

La temporada navideña termina el 6 de enero con la Epifanía. No hay ningún acto en especial, sin embargo, en Chile, este día es llamado *La Pascua de los Negros*, en honor a uno de los Reyes Magos que vino del África.

Christmas in Chile

"Because of Chile's broader European influence (there was much immigration from other countries besides Spain), Christmas is celebrated in a somewhat different way than is true for some other Latin American countries. For example, the church is not a big part of the Christmas celebration. Chile is mainly a Catholic country, but only 10% of the population are practicing Catholics. Because of this, nativity scenes can be found only in churches, and rarely in homes. In churches, the prayers of the Novena are heard for nine days before Christmas, but few Chileans attend these services because they are strong believers in the separation of church and state. Attendance at the Christmas Midnight Mass also reflects that 10% of the population are practicing Catholics.

As in other South American countries, it is summertime when preparations for Christmas begin in late November. At this time, presents are bought for friends and family. Christmas trees are purchased and placed in homes. Throughout Chile, streets and stores are decorated brightly with Christmas colors.

Families gather together on Christmas Eve and exchange gifts. Stockings are hung and children eagerly await a visit from Santa Claus, known as Viejo Pascuero*. He wears the same traditional attire he wears the world over and brings many delicious sweets that bulge the children's stockings. After church, a huge feast is prepared for the entire family. A traditional Christmas meal consists of turkey with castañas* (chestnuts), potato salad, celery with palta* (avocado), cabbage and apple salad, rice with raisins, and betarraga* (sugar beet salad). Seafood is also eaten such as crab cocktail, and there is always a container of black olives and the renown Chilean wine. For dessert, Chileans enjoy Pan de Pascua* (a traditional bread consisting of sweetened fruit, almonds, nuts, and raisins), Christmas cookies, meringue cake, lúcumas* (canistel), strawberries, and a ponche* called Cola de Mono* (a light drink made of milk, coffee, sugar, a liquor called pisco*, and cinnamon). Rompón* (eggnog) is also popular and is served chilled when people pay visits to friends and family during the Christmas season.

At midnight, dinner ends and presents are opened. For the grown-ups, the celebration continues well after the children have been put to bed. Instead of singing and dancing, the adults continue eating or picoteando*, as it is called, and enjoy sweet tasting turrón* and mazapán*.

On Christmas Day, the immediate family spends time together, and lunch is served in the late afternoon. Mashed potatoes are added to the leftovers, and the choclo* (corn) cake is brought out, as well as Chilean wine. But the special dessert of the day is Chirimoya Alegre*, a sugary fruit dish.

This special season ends January 6th with a day called La Pascua de Los Negros*, the Black Passover, in honor of the Three Kings." (English version courtesy of Verónica Smith and Collin P. Harvey)

Navidad en Colombia

El comienzo de las celebraciones de Navidad en Colombia está marcada con el inicio del rezo de la Novena. A estos rezos asisten los niños que tocan panderetas y maracas mientras cantan canciones navideñas. Muchos de ellos están disfrazados y piden dinero a los transeúntes para comprar regalos de Navidad y *pólvora.*

A través de todo el país se pueden apreciar las escenas de la Natividad adornadas con musgo, figuras de animalitos y casitas pequeñas que imitan el establo y los alrededores de Belén donde Jesús nació. En la mayoría de las comunidades se acostumbra hacer concursos de pesebres de Navidad. Éstos se desbaratan en la fiesta de Epifanía, que es cuando terminan las celebraciones navideñas.

Los árboles de Navidad están decorados con guirnaldas, listones y bombillos. El frente de las casas tiene alumbrado de todos los colores. En el resto de la casa se cuelgan festones, que son papeles *argollados* y cortados en distintas figuras.

La cena de Navidad consiste de pollo, lechona (que es un puerco relleno), ensalada con encurtidos, papa pequeña amarilla y tamales cubiertos de hoja de plátano Los dulces de esta época son las galletas de diferentes sabores, el manjar blanco con *dulce en caldo*, es decir con dulce desamargado, que se hace con azúcar, clavo de olor, cáscara de limón, mamey y brevas. Otros postres deliciosos son los *buñuelos, hojaldres,* y *natillas,* que se hace con leche y azúcar.

En otras regiones de Colombia, como Barranquilla, la cena de Navidad se sirve con pernil pasteles de maíz y arroz acompañados de ponche cerveza y aguardiente o *aguardientico*.

En Cali, otra región del suroeste de Colombia, los ·egalos de Navidad se reciben en Nochebuena. En cam-io en Barranquilla, en el noreste del país, los regalos no e ponen debajo del árbol de Navidad, sino que los padres e levantan a las 4 de la mañana a poner los regalos ebajo de las camas de los niños mientras ellos duermen. .sí éstos se levantan temprano a abrir sus regalos. Casi odas las familias hacen explotar *pólvora* a medianoche y oda la ciudad se ilumina con estas luces en un espec-áculo impresionante.

Otra celebración de origen no religioso en esta poca es el *Festival de la Caña de Azúcar* que se celebra esde el día de Navidad hasta el final del año. En las co-ridas de toros que se organizan el público no se hace sperar para gritar al unísono al torero: ¡Olé! ¡Olé! Gente e todas las edades van en cabalgatas a caballo, las amitas con los más bellos rostros participan en el con-urso de belleza y la orquesta que toca en la tarima de la laza invita a todos a bailar la *cumbia.* Esto es lo que los olombianos llaman *verbenas,* y se celebran en honor a a caña de azúcar.

El 6 de enero es el día en el cual los ahijados eciben regalos. Siendo el padrinazgo una institución nuy arraigada en la cultura, los padrinos o madrinas son ersonas muy especiales en la vida de los niños, una specie de ángeles guardianes que podrían sustituir a los adres si éstos faltasen. Por ello es una obligación rea-zada con cariñoso empeño el que se entreguen los rega-os de Navidad a los ahijados. También es un día para ue los niños más desafortunados reciban sus regalos, ya uc la esperanza de recibir un regalo no se agota sino espués de la venida de los Reyes Magos. Por todo ello, ste es un preciado y querido día para toda la familia.

Christmas in Colombia

On December 16th, the Novena marks the beginning of the Christmas festivities n Colombia. The prayers of the Novena are attended by hildren who play tambourines and maracas* while singing Christmas carols. Many of them wear disguises and ask for money from pedestrians in order to buy gifts and firecrackers for Christmas.

Nativity scenes are a common sight throughout the country. These scenes are decorated with moss, animal figures, and little houses imitating the stable in Bethlehem where Baby Jesus was born. Many communities also offer contests for the best nativity scene. The nativity is taken down on the day of the Epiphany (usually 12 days after Christmas) which is when Christmas festivities end.

Christmas trees are decorated with garlands and colorful bulbs. The front of the houses and buildings are decorated with lights. Festones* which are colorful papers folded and cut to resemble small religious figures are placed throughout the rest of the house.

Christmas dinner includes chicken, lechona* which is a stuffed pork, salad with diced vegetables, small yellow potatoes and tamales* covered with plantain leaves. The special sweets for this season are cookies of different flavors, manjar blanco con dulce desamargado* which is a dessert made of sugar, aromatic cloves, lemon skin, yams, and figs. Other popular desserts are biscuits, creams, sweets made from sugar cane, and natillas* which are made of milk and sugar. In other regions of Colombia such as Barranquilla, Christmas dinner is served with pernil*, roasted pork, corn and rice cakes, accompanied by glasses of punch, beer or soft liquor.

In Cali, a region of Colombia, Christmas presents are received at midnight on Christmas Eve. In Barranquilla, in the northern part of the country, presents are not placed under the tree. Instead, adults wake up at 4 am and place gifts under the children's beds. The children wake up early to find and open their presents. Almost every family explodes firecrackers at midnight. The whole city becomes illuminated by these brilliantly flashing colors.

A celebration of secular origin is the Sugar Cane Festival, which is celebrated from Christmas Day until the end of the year. There are bullfights, rides on horseback, gatherings of riders, beauty pageants, orchestra performances, and parties. These parties are called verbenas*.

On January 6th, the day of the Three Wise Men, children that are less fortunate are given gifts. On this day also, godparents bring gifts to their godchildren as well. This day is a most cheerful one for family and friends.

Navidad en Costa Rica

Las celebraciones de Navidad en Costa Rica empiezan el primer día de diciembre y terminan el 2 de febrero, cuarenta días después del nacimiento de Jesús. El 2 de febrero se celebran tres festividades. Una de ellas es el Rito de Purificación de la Virgen María y otra, es la conmemoración de la Presentación del Niño en el Templo, que coincide con la primera. La tercera es la celebración del día del Candelero, que es una festividad observada en honor de los primeros cristianos que se regocijaron cuarenta días después del nacimiento de Jesús, haciendo una procesión alrededor de la iglesia en la que llevaban velas como un símbolo de purificación a través de la luz.

El rezo del Rosario del Niño Dios empieza en Nochebuena y termina el 2 de febrero. El rezo del rosario es una celebración observada con gran devoción y buena fe en los hogares costarricenses. Estos rezos pueden realizarse como una celebración modesta en casa, o llena de detalles y generosa entrega. La más elaborada de ellas ocurre en San José, la capital, cuando el líder oficia el rezo y, seguidamente, la orquesta y el coro hacen su entrada, los juegos pirotécnicos estallan y se brindan comidas tradicionales. Esta últimas consisten en tamales horneados, bizcocho, pan hecho en casa, papaya en tajadas, *chayote,* (pera), café negro, *agua de tapa* (o panela), licor de maíz con jengibre, llamado *chicha, chicheme o chinchibí*, ron de caña de azúcar (o *guarapo*) y *rompope.* Un ejemplo de celebración modesta es la que se realiza en los hogares frente al *Portal,* nombre con el que los costarricenses llaman al pesebre, dirigida por el cabeza de familia. Antes de que la celebración empiece, los miembros de la familia encienden velas y queman incienso para atraer a todos los fieles a rezar el rosario, en vez de llamarlos con campanadas. En la ciudad, el rosario se reza después de haber hecho explotar los juegos artificiales. Se cree firmemente que el rezo del rosario trae bendiciones y buena suerte al hogar.

La época de Navidad está marcada con muchas tradiciones en la mesa familiar. Se come tamales hechos de masa de maíz y papas aplastadas. A esta masa se agrega pollo y cerdo y esta mezcla se derrama sobre una hoja de plátano verde para hacerla hervir. Ese tamal es muy típico de Navidad. En las ciudades, cada noche se revientan cohetes, mas no en los pueblos, y las casas están decoradas de acuerdo a esta época. El árbol de ciprés es decorado con luces y ornamentos brillantes como la *lluvia de estrellas* o regalitos diminutos hechos con cajas vacías de fósforos. Se repiten muchos cánticos de Navidad; sin embargo, el más famoso es "Noche de Paz." El símbolo más importante de la Navidad es el nacimiento, conocido en Costa Rica con el nombre de *paso o pasito*, que viene de la palabra Pascua. El *pasito* contiene las figuras de José, María y el Niño. La creencia en Costa Rica es que es el pequeño Jesús quien trae los regalos a los niños en Nochebuena.

En las iglesias y en las áreas rurales es muy común construir el *Portal* de Belén, que es hecho por todos los miembros de la familia. Si las personas no participan en su construcción, se considera que no tienen respeto por lo religioso. El *Portal* se coloca en un lugar muy obvio de la casa para que se digan oraciones al verlo. Podría ocupar una esquina de la casa o un cuarto entero. El *pasito* es la parte central del *Portal.* El resto es arreglado con diferentes materiales como troncos de árbol, rocas y ladrillos. Estos materiales se disponen en forma de caverna o choza en donde se coloca el *pasito.* También se usan encerados, que son cartones llenos de color que simulan rocas o el cielo estrellado. El *cohombro,* una variedad de pepino, tiene un fruto delicioso y un aroma placentero y, por ello, se usa para decorar el *Portal.* También se usan manojos de plátanos y plantas parásitas encontradas en la floresta. Al Niñito Jesús no se le pone en el paso sino hasta el día de Nochebuena para expresar que no ha nacido todavía.

Otra tradición que se repite de generación en generación es la creencia de que el *paso o pasito* no debe ser comprado por la familia sino recibido como un regalo. El *paso* es un bien tan significativo que llega al hogar gratuitamente, como un gesto de amor y un símbolo de esperanza para el hogar. Por ello el *pasito* es el regalo predilecto que se puede dar a los recién casados. Incluso se cree que cuando el *paso* se coloca en el piso de la casa, trae la fortuna de convertir a la gente en dueño de su primera casa.

Después de que se acaba de rezar el rosario, los asistentes cubren el *paso* con una colcha o sábana. Entonces se empieza a bailar al son de la música de un dúo de guitarras y acordeones o de otros músicos que hayan disponibles. En la provincia de Guanacaste se toca la marimba. Así se demuestra el cariño y respeto que se tiene al Niño Dios.

Christmas in Costa Rica

Christmas celebrations in Costa Rica start the first day of December and end on February the 2nd, forty days after Baby Jesus was born. On February the 2nd, three other festivities are observed: one is the Purification Rite of the Virgin Mary, the second is the Commemoration of the Presentation of the Child at the Temple, and the final festivity is the Feast of the Candleman. This celebration honors the first Christians who celebrated the forty days after the birth of Jesus Christ. This is done by processing around the church holding blessed candles as a symbol of purification.

The prayer of the Rosary of the Holy Child begins on Christmas Eve and finishes on February 2nd. The prayer of the Rosary is a religious observance celebrated with great devotion and good will in Costa Rican homes. It is characterized by modest observations and joyful displays of generosity. The most elaborate celebration takes place in the capital when the religious leader officiates with prayer. Following the prayer, an orchestra and choir perform. Fireworks displays and traditional meals complete this event. These traditional meals include baked tamales*, biscuits, home baked bread, papaya* hash, chayote* (pear), black coffee, sweetened molasses water, corn liquor spiced with ginger (called chicha*, chicheme* or chinchibí), sugar cane rum, and eggnog. A modest celebration of the Rosary lead by a Prayer reader takes place in homes in front of the Portal* which is the Nativity scene. Before the celebration begins, family members light candles and burn incense to call the faithful followers who have been watching fireworks. It is believed that praying the Rosary brings blessings to the house.

This period of Christmas is marked by various cooking traditions. For example, families enjoy eating tamales* made of corn dough, mashed potatoes and include chicken and pork which are all placed in plantain leaves and boiled. This is a typical entree of the Christmas season. Fireworks are displayed every night in the capital, but not in small towns, and the houses are decorated to celebrate the festivities. Within the home, a cypress tree is decorated with lights and shiny ornaments. Many carols are sung throughout the season; however, the best known carol is "Silent Night". The most common symbol of the season is the Nativity scene, in which the paso* or pasito* (from pasch, ie. Passover) is placed. The paso* is comprised of an ensemble of three basic statuettes: St. Joseph, the Virgin Mary, and the Holy Child. In Costa Rica, the Holy Child is the one who brings the present to the children on Christmas Eve.

In churches and in rural areas, it is customary to build the manger which is made by every member of the family. Forgetting to build the manger would be considered a lack of religious practice. It is built with various objects and placed in a conspicuous location where prayers can be said. It may occupy a small corner of the house or an entire room or hallway. The rest of the decorations are fashioned with diverse materials such as tree trunks, rocks, or bricks. These items are positioned in the shape of a cave or hut where the paso* is placed. They also use encerados*, large colorful cardboard plates, which simulate rocks or the sky. The cohombro*, a variety of the cucumber, which is a very aromatic, elongated fruit, provides decoration. Banana bunches are also part of the decoration as well as some colorful air plants found in the forest. The Holy Child is not placed in the paso* until Christmas Eve. His absence before Christmas Eve depicts that he has not yet been born.

It is a tradition carried on for generations in Costa Rica that the paso* or pasito* should not be bought but given as a gift to the family. That is why it is the favorite present to give to newlyweds. It is also believed that if you place the pasito* in the floor of the house, it will bring the good fortune to the newlyweds of having a home of their own.

Upon ending the prayers of the rosary, the faithful cover the manger with blankets or sheets. Then they dance to the tunes of an orchestra consisting of solo or dual guitarists and accordionists. This marks the end of the traditionally celebrated and best known Christmas celebration in Costa Rica.

Navidad en Cuba

Las tradiciones navideñas de la isla de Cuba se mantuvieron sólo por dos años después de la Revolución de 1959. Al implantarse el sistema marxista se arrancaron todas las raíces de las tradiciones navideñas. Las generaciones que vinieron después tienen que preguntar a sus abuelitas y tías sobre lo que se acostumbraba hacer en Navidad, ya que los jóvenes no son testigos de estas vivencias.

Tiempo atrás, el espíritu navideño empezaba a reinar desde el 24 de diciembre hasta el 6 de enero en que se celebraba el Día de los Reyes Magos. En ese entonces las calles y vitrinas se vestían de fiesta con luces por todos lados. Las familias se reunían la noche del 24 de diciembre y se cenaba con el tradicional arroz *congrí,* frijoles negros, *ñame,* puerco o lechón asado, plátanos verdes, yuca cocinada con *mojo de ajo* que contiene aceite y naranja, y ensalada. Como postres se comían buñuelos con miel, mazapán, turrones de alicante, jijona y turrón de yema y membrillo. Las nueces y avellanas no faltaban en ninguna mesa. Los turrones se hacían con yema de huevo y almendras. En el campo se comían *pinchos* pues había espacio para hacer la fogata. La cena se servía a las 9 de la noche y se terminaba bebiendo vino.

Después de cenar, todos asistían a la misa de Nochebuena o Misa del Gallo, y las iglesias estaban adornadas con arbolitos y con el Nacimiento del Niño Jesús.

El día siguiente, 25 de diciembre, se dedicaba a asistir a la iglesia y a visitar a amigos y familiares. Además, se comía la llamada *montería,* que era un plato típico que se hacía con lo que había sobrado de la cena de Nochebuena.

Las costumbres de regocijo navideño se unían a la despedida del año, que se celebraba en las casas o en los clubes. El último día del año se bailaba y se esperaba la llegada del Año Nuevo con grandes comparsas. La radio y la televisión tocaban el himno nacional y retumbaban las doce campanadas en las torres de las iglesias. En las casas se despedía al año comiendo una uva por cada campanada que sonaba en la plaza. Se hacía esto como augurio de buena suerte para el año entrante. Y cuando todos habían acabado de comer las uvas, se procedía a hacer el brindis con sidra de España, que es muy parecida al champán.

Sin embargo, la fiesta más esperada por los niños era la de Epifanía, el 6 de enero. Los días antes de éste, también llamado el Día de los Reyes Magos, las tiendas permanecían abiertas hasta la madrugada, para dar oportunidad a los padres de familia de comprar los juguetes a sus niños mientras éstos dormían. Los niños se iban a dormir la víspera de Epifanía después de haber dejado para los Reyes Magos y sus camellos, tabaco, hierbas y café para que estos se sirvan al venir a dejar los regalos.

La Navidad también era una época en que había mucha creatividad para hacer bromas a los amigos y vecinos, se les entregaba regalos jocosos y se hacían pasadas, es decir bromas bien confabuladas.

Actualmente, la tradición de asistir a Misa es l

única que subsiste, pues la Revolución no ha podido quitar la religión al pueblo católico cubano, aunque ello signifique que haya de usarse pañuelos sobre la cabeza para evitar ser reconocidos por los espías del gobierno. Aunque el acontecimiento de la visita del Papa Juan Pablo II a la isla ha creado un clima histórico de apertura hacia el respeto a la libertad religiosa muy pocas familias pueden darse el lujo de poner adornos viejos de Navidad en sus casas e intercambiar regalos.

Para reemplazar la Navidad, el gobierno ha creado una fiesta en la se festeja a los niños y se les da regalos, pero esta fecha es un día del mes de julio y es una celebración relacionada con la Revolución. Para la mayoría de la gente, el día de Navidad pasa como otro cualquiera, aunque con la añoranza de tiempos pasados en que había tanta alegría. La Navidad en Cuba es algo hermoso que sucedió en el pasado. Las abuelitas y tías de las diversas familias cuentan sobre el significado de ese pasado dulce en que había la oportunidad de sensibilizarse con las cosas que realmente importan en la vida.

El villancico testigo de esa época que resuena todavía, pregonando esperanza para el pueblo cubano dice así: "Esta noche es Nochebuena y mañana Navidad./ En el Cielo nació una Estrella /que anuncia felicidad." (Popular.)

Christmas in Cuba

The Christmas traditions in Cuba survived only two years after the Revolution in 1959. When the Marxist system was imposed, all the roots of Christmas traditions were destroyed. However, the traditions are remembered by the older people.

The Christmas season began on December 24th and continued until January 6th, the Three Wise Men Holiday. The streets and stores would be adorned with Christmas lights, and families would get together on the night of Christmas Eve to have the traditional dinner. Common foods were eaten such as congrí* rice, black beans, roasted pork, boiled yucca with garlic sauce (containing orange juice and oil), and various salads. Desserts were served called buñuelos* with honey, alicante's nougat, mazapán*, jijona's nougat, and nougat made with almonds and membrillo*, a fruit. Nuts and avellanas* were a favorite part of the meal. The turrones* (nougats) are made with egg yolk and alicante*. Pinchos* (grilled meat) were also eaten by people living in the countryside. Dinner would be served at 9 p.m. and the meal concluded with everyone drinking wine.

After dinner, everyone attended the Misa de Gallo*, Midnight Mass. Churches were adorned with Christmas trees and nativity scenes.

On Christmas day, people faithfully attended church. Then, they visited friends and relatives. People ate the well know montería*, a dish made with the leftovers from Christmas Eve dinner.

New Year's Eve celebration was connected to the Christmas festivities. There were many comparsas* (a parade with costumes) in the streets. The radio and TV played the national Anthem, and there were twelve rings of the bell in every church steeple. Cubans said farewell to the old year by eating grapes, one for each of the 12 campanadas* (ringing bells). That symbolized the wish for good luck in the following year. When the grapes were eaten, they made a brindis* (toast) with champagne.

Epiphany was a holiday anticipated especially by the children. The stores were open until the early morning so that parents had a chance to buy presents for the children while they were sleeping. The night before, children would leave tobacco, grass, and coffee beans for the Three Wise Men and their camels. This custom relates to the belief that the Three Wise Men and their camels needed these items for their long journey.

Christmas was also a time when people told jokes to their friends and family. People often gave funny presents or made pasadas* (practical jokes) in order to tease others.

Currently, the only tradition that remains is the attendance at Midnight Mass. Even the Revolution has not been able to take away this religious tradition from the people of Cuba. However, they must walk to church with something covering their heads to avoid being recognized by the Marxist government officials. Families can seldom afford to decorate their homes with old Christmas heirlooms or to exchange presents.

In order to replace the Christmas season, the government has selected a July day which is related to the Revolution. On this day, children can celebrate the holiday and receive presents. For the majority of people, Christmas is just another normal day. However, there are still people who dream about celebrating Christmas the way it was in the past when there was so much happiness. So far, Christmas in Cuba is something of the past. However, for the people who keep dreams alive, the favorite Christmas carol continues to be sung: "Tonight is Christmas Eve/ and tomorrow it will be Christmas. /A Star has been born in the heaven /that brings us everlasting happiness." (Popular)

Navidad en la República Dominicana

En la pintoresca isla de la República Dominicana, la Navidad se celebra desde el 1o. al 25 de diciembre con el comienzo de los *aguinaldos navideños. Aguinaldos* es el nombre que se da a las canciones de Navidad. La gente se reúne a las cuatro o cinco de la mañana a cantar. Los cantantes traen *güiras,* tamboras, acordeones, guitarras, maracas y panderos para acompañar los cantos. Se reúnen en grandes grupos y van por las casas de amigos cantando virtuosamente. En pueblos pequeños, la gente de las villas cantan los *pollos,* lo cual significa que se cantan canciones propias e improvisadas acompañadas de panderos y maracas. Unas veces se sabe que los cantantes vendrán a la casa, otras veces su venida es una sorpresa. Sea como sea, siempre son cariñosamente bienvenidos y cantan mientras sus anfitriones les brindan licor de jengibre. Este licor se prepara haciendo hervir la raíz rallada del jengibre con *malaquita,* clavos de olor, canela, azúcar y la *hoja de usúa*, que es un té. Se sirve con galletas, pasteles o *arepas.*

Uno de los villancicos favoritos es "Cantares de Navidad" cuya estrofa dice así: "Alegre vengo de la montaña, de mi cabaña,/ y a mis amigos les traigo flores,/ de las mejores de mi jardín". (Popular).

En la República Dominicana los pesebres se colocan en iglesias, casas y parques, y representan el nacimiento del Niñito Jesús. Como un gesto simbólico, es una práctica común poner regalos en la esquina del pesebre para los chicos pobres de la ciudad. El día 23 de diciembre en la iglesia se tienen las *Veladas* que son dramatizaciones musicales del nacimiento del Niño Jesús. En él participan niños y adultos disfrazados con las vestimentas clásicas de hace dos mil años mientras entonan "Ro, mi Niño, ro". Pastores, reyes, gitanos y gallegos, todos desfilan frente al Niño para entregarle sus presentes. Gracias a las *Veladas* la gente tiene la oportunidad de contactar con lo que es el núcleo del mensaje de Navidad: la ternura de un pequeño Dios que ha traído al mundo la Esperanza.

El árbol de Navidad es la decoración más común de la temporada. Luces de colores adornan el interior y exterior de las casas. Las decoraciones que se cuelgan en las paredes se hacen de ramas secas, algodón y frutas secas como naranjas, papaya, guayabas y otras más. Para imitar la nieve, se usa oropel o lentejuelas de hojas de estaño. De las paredes se cuelgan coronas, guirnaldas decoradas y luces. También se usan pencas verdes de palma o laurel para hacer adornos en forma de corazón que se cuelgan en las puertas.

Otra costumbre que se ha adoptado es la de los llamados "Angelitos", que consiste en el intercambio de regalos entre amigos de oficina o compañeros. Se forman grupos de diez hombres y diez mujeres y cada uno compra un regalo que se intercambia entre ellos. Dar regalos no era una costumbre en este país, pero se ha adoptado recientemente. El 6 de enero los niños reciben regalos de los Tres Reyes Magos en sus casas. Mas para aquellos niños pobres más desafortunados de quien los Reyes se olvidaron existe la *Vieja Belén*, que es un personaje imaginario nacido de la imaginación del pueblo. Se dice que ese día ella viene a dejar regalos de consolación a estos niños pobres. Estos regalos de consolación no se encuentran debajo del pesebre sino en lugares de lo más inusuales, para convertirse en la sorpresa y la alegría de estos tristes niños.

En Nochebuena se prepara la cena que consiste de pavo asado o de puerco asado, con dulces especiales de Navidad como postres, tales como el arroz con dulce y *pasteles* en hoja de plátano. Algo típico es comer el *Pan de Huevo* y carnes que se preparan de diferentes maneras de acuerdo a la región. Una vez que la comida está lista, se comparte con los vecinos y con los más desafortunados, ya que los dominicanos son gente generosa y de muy buen corazón. Finalmente se reúne la familia íntima y se cena antes de asistir a la Misa del Gallo. La Misa del Gallo empieza a la medianoche y dura hasta las 2 de la madrugada porque el sermón navideño es bastante largo.

Un sentimiento cariñoso llena el ambiente navideño, pues es un tiempo de felicidad donde amigos y familia disfrutan de estar juntos. Sin duda, la Navidad también es una época de nostalgia por aquellos seres queridos que ya no están o se encuentran fuera del hogar.

Christmas in the Dominican Republic

On the picturesque island of the Dominican Republic, Christmas is celebrated from December 1st until December 25th with the singing of the Aguinaldos navideños*. Aguinaldos* or aguinaldos navideños* means Christmas carols. People go to the church at four or five in the morning to sing. They bring accordions, guiras* guitars, maracas*, and tambourines to accompany themselves as they sing. Large groups gather and go caroling to the homes of close friends. In small towns, villagers sing the pollos*, which means that they are improvising musicians. They praise the hostesses with their songs. Sometimes they make teasing remarks about the quality of their hospitality if the hostesses don't give them enough treats. Then they leave the home to go on to the next. It is all in good humor in keeping with the friendly spirit of the Christmas season. Sometimes the carolers are expected; other times, their visit is a surprise.

Regardless, the carolers are always warmly welcomed into homes where they sing. A common treat that is offered is ginger beer. This drink is prepared by boiling the roots of the ginger plant with cloves, cinnamon, sugar, and other leaves of native plants. It is served with cookies or corn bread.

One of the favorite Christmas carols is "The Best Christmas Songs": "I happily return from the mountain,/ from my cabin,/ and I bring my friends the best flowers from my rosebush". (Traditional).

In the Dominican Republic, mangers are placed in churches, homes, and parks to represent the birth of Jesus Christ. As a symbolic gesture, presents are placed in the corner of the nativity scene for the poor children of the city. In churches, the dramatization of the nativity is held all day long on December 24th.

The Christmas tree is the most common decoration of the season. Curiously enough, some of the Christmas tree ornaments imitate the cold weather on other parts of the globe. To make it seem like winter, snow is represented with tinsel or angel's hair. Colorful lights also adorn the interior and exterior of houses throughout the cities. Christmas decorations made of dried branches, cotton, dried fruit such as oranges, papaya*, guava and other fruits are hung on these exterior walls. Wreaths are hung on doors and trimmed with lights. Also, green palm leaves or laurels made into the shape of hearts may be hung on the doors.

There is also the Veladas* held on December 23. This musical drama is held in church with children and adults wearing classic costumes and recreating the Bethlehem scene. They all sing "Ro, mi Niño, ro"* (Sleep my Baby, sleep) while shepherds, kings, and people from all over the world such as Gypsies and Spaniards each come with a present for the Baby. This is an occasion when the audience has the opportunity to discover the meaning of Christmas: the tenderness of a Baby who brings all of us a sense of Hope.

Another well known custom is known as the Angelitos* (Little Angels). This consists of a gift exchange between co-workers and friends. Groups of ten are chosen and each person buys a gift for someone in that group. Exchanging gifts was not originally a custom in the Dominican Republic, but over the years it has been adopted. On January 6th, children are given presents from the Three Wise Men. Vieja Belén* (Old Lady of Bethlehem) is an imaginary figure who is said to give small presents to the poor children that were forgotten by the Three Kings. She leaves presents for these children in places where they will be surprised to find them.

On Christmas Eve, the Christmas meal is prepared and served. It consists of lechón asado* (roasted pork) or turkey, and many sweets such as cake, plantains, and rice pudding. Typical foods throughout the entire country include tamales*, that in the Dominican Republic are made of plantain, ground meat and spices, pastelitos* made of wheat flour and ground meat, pan de huevo* (a kind of bread), and cakes with native fruits. Once the food is made, it is given as a gift to close neighbors. Most importantly, the Christmas food that is prepared is shared with the less fortunate showing that Dominicans have generous hearts. Finally, everyone is reunited at the house of the relatives where dinner is served before Midnight Mass. Midnight Mass begins at twelve midnight and ends at two in the morning, suggesting that the sermon is very long.

Christmas time is a time of happiness when friends and family enjoy each other's company. Without a doubt, the Christmas season is also sad and nostalgic for those whose family members have passed away or live far away.

Navidad en Ecuador

La época navideña empieza a finales de noviembre y principios de diciembre con los rezos de Adviento, en los que se prende una vela cada semana hasta llegar a cuatro velas en la cuarta semana. Su luz significa que la humanidad va pasando de la oscuridad a la luz. La temporada navideña empieza al terminar el Adviento y concluye el 6 de enero con la fiesta de Epifanía. La alegría se empieza a sentir en el aire en noviembre. Algunas calles se cierran para permitir que los vendedores ambulantes pongan sus puestos de venta de caramelos y un sinnúmero de artículos para decoración o regalos. Esto le da a los pueblos y ciudades un espíritu de fiesta. Los empleados y trabajadores también esperan con ansia la Navidad, ya que la ley obliga que se pague un *aguinaldo navideño* sobre el sueldo que se recibe mensualmente. Los patrones, además, organizan fiestas para agasajar a sus empleados. Las universidades, oficinas de gobierno, colegios y barrios se involucran en este ambiente festivo. En estos lugares se ven grupos de gente desfilando en sentidas procesiones por las calles, las oficinas o el campo universitario. Profesores, administrativos, estudiantes, dignatarios o trabajadores, todos están dispuestos a vestirse de los diferentes personajes de Navidad como María, José, los pastores, los reyes, etc. Y hasta se carga en brazos a un bebé real en pañales que representa al pequeño Jesús. El grupo de acompañantes que se va uniendo a la procesión lleva una vela encendida y canta al son de los villancicos.

Aparte de las procesiones, en los hogares se rezan las Novenas frente al *pesebre,* ubicado en la parte más importante de la casa. Cada noche se medita sobre un misterio de la infancia de Jesús. La *Novena del Niño* comienza a rezarse el 16 de diciembre y concluye el 24. La Novena es una bella ocasión en que se reciben amigos y familiares en la casa con quienes se cantan villancicos y evocan recuerdos de la niñez. En universidades y oficinas se realizan concursos de pesebres, y la creatividad sale a relucir admirablemente año tras año. Las iglesias tienen pesebres bastante grandes y muchos de ellos contienen una colección de obras de arte acumuladas por siglos, de los cuales las iglesias son cuidadosas guardianas. Los ecuatorianos disfrutan iendo de iglesia a iglesia haciendo las debidas comparaciones. Los niños participan entusiasmados en la elaboración del pesebre en el hogar así como del arbolito de Navidad. Y aunque ésta última es una costumbre importada de los países nórdicos, se coloca para que nos recuerde constantemente que Jesús es La Luz del Mundo y El Árbol de la Vida.

Algunas familias continúan con la tradición de ir a la Misa del Gallo en Nochebuena. Otras deciden ir a misa al día siguiente para no interrumpir la unidad familiar a las 12 de la noche, momento en que se considera que el Niñito Dios ha nacido ya. Todos cuentan en alta voz los últimos momentos del 24 y a la hora precisa cunden los abrazos para todos. Esta demostración de cariño es dada de corazón, se necesita saber perdonar y amar para dar este abrazo, pues es un momento cumbre de reconciliación y esperanza. De ahí que sea tan importante tener a las personas más queridas en ese instante.

Actualmente se cena antes de las doce, aunque por muchos años la costumbre era cenar a las doce de la noche. Una vez en la mesa, como entrada se sirve consomé de pollo y el plato fuerte puede ser uno de estos: pavo o pollo relleno, *hornado con agrio o pernil*. Ello dependerá de lo que la familia pueda pagar ese año. Se agrega ensalada fresca de lechuga, aguacate y tomate aliñada con limón, o ensaladas cocinadas de choclo, zanahoria y vainitas con mayonesa. El postre que "hace agua la boca" con sólo mencionarlo es el de *pristiños con miel* de raspadura, que es el postre que no falta, aun en los hogares más humildes. El *canelazo quiteño* es una bebida caliente que se brinda en esta época para combatir el frío de la noche. Se hace poniendo a hervir agua, cancla, azúcar, clavo dc olor y un poco dc anizado. Al terminar la cena se procede a abrir los regalos y el hogar se llena de algarabía, papeles rotos y abrazos de agradecimiento. Todos reciben su funda de caramelos, que es lo mínimo que cada persona recibe en Navidad. Por ello los ecuatorianos se aseguran que los niños pobres del vecindario reciban al menos su fundita de caramelos. E incluso se inician campañas de Navidad en noviembre para recolectar dinero o ropa usada o juguetes, que luego se entregan en hospitales, escuelas, orfanatos y en las carreteras del país, donde los niños lo están esperando.

Las fiestas navideñas están marcadas también por la *Temporada de los Inocentes,* que prácticamente domina toda la época navideña. Esta se originó para recordar que Herodes buscó al Niño Jesús para matarlo, y para asegurarse de que lo había hecho, mandó matar a todo niño recién nacido. La leyenda cuenta que las madres de estos niños *inocentes* escondían o disfrazaban a sus bebés para que los soldados no los encontrasen. Así también la gente ahora se disfraza y "cambia" un poco la realidad haciendo bromas y chistes a los amigos ya sea por teléfono o en persona. El intento inicial de "engañar" a Herodes se ha convertido en un derroche de picardía, donde la chispa graciosa de los ecuatorianos no se deja esperar. Hay fiestas de disfraces. Sin embargo, las calles principales son también lugares de encuentro de todos los disfrazados. Las vendedoras ambulantes se ubican en estas calles congestionadas para vender el *canelazo.*

Otra parte importante de la temporada navideña es la que se conecta con el año que termina. Se conoce como la *Quema de los Años Viejos.* Amigos y familiares se ponen de acuerdo en la forma y el tema que tendrá un muñeco embutido con periódicos, aserrín y diablillos, que representará a un personaje político, religioso o de la farándula. Se colocan pancartas con mensajes jocosos a su alrededor y hasta se lee picarescamente el Testamento que este personaje supuestamente ha escrito. Otros se disfrazan de *viuditas* e interrumpen el tránsito vehicular con una soga para pedir una limosna a cada conductor. El muñeco de Año Viejo se quema a las doce en punto cuando sc inicia el Año Nuevo.

La temporada navideña termina con la fiesta de la Epifanía. Empero, durante todo el mes de enero las familias, luego de recolectar alguna limosna entre sus miembros, la entregan al sacerdote para que ofrezca la misa del *Pase del Niño* en la que se pide por las intenciones de la familia. Se toma la figura del Niñito que está en el pesebre y se camina a la iglesia, mientras se quema *saumerio* o el aromático *palo santo*, y se van echando pétalos de rosas en el camino por donde pasa el Niñito. Así se siente que se ha empezado el Año Nuevo con las bendiciones de este precioso Niño Dios. Mientras los rostros de los niños ecuatorianos tengan una chispa de esperanza, siempre habrá Navidad en el Ecuador.

Christmas in Ecuador

"In late November or early December when Advent begins, Ecuadorians light four candles to signify man's passage from darkness into light. Each week, with Christmas approaching, a candle is lighted. Throughout cities and villages there is a sense of joy and community. Many streets are closed allowing vendors to sell various gifts and candies to townspeople. At work, employers hold Christmas parties for their employees. Workers are entitled by law to a special Christmas bonus known as Aguinaldo*. Universities, government offices, schools, and neighborhoods also reflect the Christmas spirit. It is not unusual for faculty members, students, or government workers to go in procession on campus or at the office dressed as religious figures such as the three kings, Joseph, or Mary.

At home, nativity scenes are displayed in the living room. Nine nights before Christmas, families gather around these displays and recite the Novena*, a prayer retelling the story of Jesus' birth. Competitions for the best Nativity scene are held in offices, churches, and schools. Many people also visit the church's Nativity scene to admire the figurines which are often beautiful carved works of art. In addition to the nativity, the Christmas tree is set up as an acceptance of a foreign influence, but is used by Christian people to remind them that Jesus is the Light of the World and the Tree of Life.

On Christmas Eve, some families attend midnight mass. However, many families like to get together at home to count down the minutes until Baby Jesus is born. At 12 midnight every one embraces and celebrates. The time that the family spends together at Christmas is full of love and forgiveness and this brings families together in a special way.

Christmas dinner consists either of chicken, stuffed turkey, or baked pork called pernil*. For dessert pristiños* (traditional pastries served with molasses) are offered along with something sweet to drink. Among the tasty beverages served at Christmas parties is canelazo*, a warm drink made of cinnamon, tea, sugar, cloves, and anizado* (anise-flavored brandy). After Christmas dinner, presents are opened. Children are allowed to stay up late and play with their new toys. So that no child is excluded, it has become common for families to drive out to rural areas and hand out bags of candy or toys to poor children.

Unique to Ecuador is the celebration of the Time of the Innocents. According to the Bible, King Herod of Judea killed many innocent children in his search for the Christ child. In order to avoid having their children killed by soldiers, mothers disguised their children. This traditional story is kept alive by costume parties reminiscent of Halloween (a holiday not celebrated by Ecuadorians). Practical jokes, or Inocentadas*, are also carried out on the street. These practical jokes usually involve telephone calls or fake candies for 'innocent' unsuspecting victims." (Courtesy of Verónica Smith.)

La Quema de los Años Viejos* (The burning of Mr. Old Year) is part of the Christmas celebrations. Families or groups of friends get together on New Years Eve to build in front of their houses a scene where Mr. Old Year is shown. It could be a politician or just about any person who is being sarcastically criticized. Participants read a funny Will for the amusement of those attending, and then this stuffed figure is burned at midnight as the New Year begins. Others dress in black as if they are a widow, and they stop the pedestrians to demand some money that will be used to pay the expenses that they have incurred. Townspeople enjoy this very much, going from one Mr. Old Year to the next, laughing and choosing which one was the best.

The Epiphany or Day of the Kings is the last official day of the Christmas season. However, in January, the whole family organizes themselves and offers a mass. The Baby Christ's figure from the nativity scene is carried to the church while incense is burned and rose petals are spread in His way. This celebration is called El

Paso del Niño*, (The Mass of the Child) and gives tribute to Christ. In that way they feel that they have begun the year with Christ's holy blessings. On January 6th, the day of the Epiphany, the Christmas season officially ends.

Navidad en El Salvador

Las celebraciones de Navidad en El Salvador empiezan el 8 de diciembre. Este día es muy importante porque en él se celebra la fiesta de la Inmaculada Concepción de María y se festeja el onomástico de las personas llamadas *Conchitas.*

Este día especial, así como el 12 de diciembre que es el día de la Virgen de Guadalupe, se celebra una misa a la que asisten los cipotes (niños) disfrazados de *inditos* (para imitar a Juan Diego, el buen muchacho al que la Virgen se apareció). Ellos hacen una entrada triunfal al altar con ropas nativas típicas. Después de la misa, la congregación entera realiza una solemne procesión de fe en las calles. Las procesiones son tradiciones muy populares en El Salvador. La gente del barrio se reúne después de asistir a la misa y marcha alrededor del pueblo cargando en sus hombros andas o literas decoradas con varias flores y plantas donde reposan imágenes de santos o de la Virgen, mientras rezan y cantan villancicos. A un lado del anda están los hombres y al otro lado las mujeres. Durante la procesión el gentío se detiene en varias casas para rezar y cantar. Los anfitriones muy comedidamente brindan *chicha* a los asistentes. Al regresar a sus hogares continúan las celebraciones con bandas musicales y conciertos, cohetes y danzas populares, que son llamadas *alboradas.* En estas fiestas se elige y corona a una damita como la reina de las fiestas. Muchas veces se organizan competencias de fútbol entre los amigos. En el área rural la gente hace campamentos y se reúne alrededor del fuego contando chistes, cuentos y cantando.

Los cohetes y juegos pirotécnicos son una tradición importante en El Salvador. Desde el 1o. de diciembre los chicos se divierten haciéndolos explotar ruidosamente. Generalmente se hacen explotar los cohetes de *vara* que son más largos de lo normal y explotan dos veces en el aire, y se usan para comenzar las procesiones.

Mientras se acerca la Navidad, los músicos se ponen a practicar sus canciones y el cartero se apura entregando tarjetas navideñas. Los vendedores ambulantes ponen en sus puestos de venta manzanas, uvas y otras frutas para sus clientes. Las *pupusas* no faltan en estos negocios. Consisten en una variedad de tortilla hecha con harina de arroz y relleno de carne. Manufactureros del campo exhiben sus figuras de arcilla en pesebres. La gente se lanza a las calles para encontrar su arbolito de Navidad y se compran regalos y cohetes para los *cipotes.*

El árbol de Navidad es la decoración más popular y se decora con luces y pequeñas figuras hechas a mano. Sin embargo, es la *Flor de Pascua* la que identifica esta fiesta. Ella combina sus luminosos colores con las matas del café. Para decorar puertas y ventanas se usan luces y flores de colores rojo, azul, dorado, plateado, amarillo y verde.

El *nacimiento o pesebre* es tan importante como el árbol de Navidad, pues representa el lugar donde Jesús nació. Se elabora con follaje verde, madera y otras fibras naturales. El nacimiento está más iluminado en la parte del *Misterio* que se compone de las figuras de María, José y el Niño. Éste permanece exhibiéndose hasta el 6 de enero, día en que se celebra la venida de los Tres Reyes Magos, que llegan guiados por la Estrella de Belén.

La Nochebuena es muy importante en El Salvador. Los niños recogen y preparan sus cohetes y esperan con ansia el día siguiente para abrir los regalos. Las familias se reúnen a dar gracias por ser éste el evento más importante del año. Antes de la cena, la gente asiste a la Misa del Gallo, donde se cantan villancicos. Las *Pastorelas y Posadas* también se celebran en Nochebuena. Estos son dramas de Navidad en los que gente de varias edades se viste con bufandas de seda de colores brillantes, blusas decoradas con lentejuelas y encajes, y llevan cayados de pastores y campanas. La música se toca usando instrumentos de percusión. Todos cantan y bailan los más tradicionales cantos de Navidad como "Noche de Paz" y "El Tamborilero."

La cena de Navidad es una tradición familiar. Las casas huelen a deliciosa comida. Se sirve pavo, jamón y carne molida que se acompaña con arroz y vegetales. Como postre se come pies, galletas y preparados de manzana. El plato favorito es el *tamal,* que se hace con ingredientes seleccionados cuidadosamente y horneados a la perfección. Se toman *gaseosas,* y también vino o cerveza.

Usualmente los regalos sólo se entregan a los niños. Ellos reciben regalos como juguetes y ropa, mas estos no sólo provienen de sus padres sino también de sus padrinos. Los regalos se colocan debajo del árbol en Nochebuena. A la mañana siguiente los niños se despiertan a abrir sus regalos con la creencia de que Papá Noel los trajo. Empero, muchas familias ponen los regalos debajo de la cama, como era la tradición hace muchas décadas atrás.

El día de Navidad las tradiciones anuales continúan. La iglesia está abierta para celebrar misas, bautizos, rezos del rosario y entregar bendiciones especiales. Los sermones son solemnes y hasta se realizan procesiones.

Otra parte importante de la Navidad es ir a la playa con la familia entera. En Navidad la playa está más hermosa que en ninguna otra época del año. Por ello las playas como La Libertad o Costa del Sol son lugares de encuentro, pues esta es una tradición que se viene repitiendo ya por mucho tiempo.

El 6 de enero se terminan las celebraciones con el *Día de los Reyes.* De ahí que diciembre es un tiempo de gozo y de amor en el que se agradece a Dios por sus bondades. En esta temporada se atesoran bellos recuerdos de la familia y los amigos, y todos comparten las bendiciones y la alegría de estas fiestas.

Christmas in El Salvador

Christmas celebrations in El Salvador start on December 8th. This day is very important because it is the day of the Immaculate Conception of the Virgin Mary. Women whose name is Conchita* (short name for Conception) also celebrate their saint's day.

On this special day, as well as on December 12th, the Holiday of the Virgin of Guadalupe, a celebration mass is held in Catholic churches. Children known as Inditos* (to imitate Juan Diego, the Indian to whom the Virgin Mary is believed to have appeared) make a grand entrance into the church dressed in typical native clothes. After mass, the congregation participates in a solemn procession of faith. Townspeople carry wooden litters with the statue of the Virgin Mary and go around the streets. Men are supposed to be on one side of the litter and women on the other side. They stop in various houses to say prayers and sing Christmas carols. At each home chicha*, an alcoholic beverage, is served. Then families return home for further celebrations. These later celebrations are called alboradas* and they include concerts, fireworks, and popular dances. During these dances, a person is selected to be crowned as Queen of the Party. Often times, soccer tournaments are also organized among friends. In the countryside, people make campfires. Then they sit around the fire telling jokes, stories, and singing songs.

Fireworks are a very important tradition in El Salvador. Starting on December 1st, cipotes* (children) have fun setting off noisy fireworks. They set off cohetes de vara*, which are rockets that explode twice in the air. They are often used to mark the beginning of a procession.

As the Christmas season approaches, musicians practice their songs, and mailmen deliver Christmas cards. Market vendors gather native fruits as well as apples, grapes and pupusas* (a type of tortilla* made with rice flour and stuffed with meat) for the Christmas shoppers. Craftsmen from the countryside display their handmade clay figures in mangers. People fill the streets searching for their Christmas tree. Presents for the family and firecrackers for the cipotes* are purchased.

The Christmas tree is the most common decoration. It is decorated with lights and small handmade ornaments. However, the poinsettia is the flower that most identifies the Christmas season. Its bright red color matches the country's coffee crop. The flowers and Christmas lights of various colors of red, blue, gold, silver, yellow, and green are also used to decorate doors and windows.

The Nacimiento* or the manger is a decoration that is just as important as the Christmas tree. It represents the stable in Bethlehem where Christ was born. It includes greenery, wood, and other natural materials. Its focus is the Misterio* or Mystery, which is comprised of the figures of Mary, Joseph, and Christ, and tells the children about Jesus' childhood. The nacimientos* remain in homes until January 6. This is the date when the Three Wise Men reached Baby Jesus' cradle after they had followed the Star of Bethlehem.

Christmas Eve is a very important day in El Salvador. The feast is prepared, the children proudly count their fireworks and anxiously wait to open their presents. Families gather during this very important time of year and give thanks to God. But before dinner is served, families attend the Misa de Gallo*, or Midnight Mass. At the mass, children dance and sing of Christ's birth. Pastorelas* and Posadas* are also celebrated on Christmas Eve. During the pastorelas*, or Christmas plays, people of various ages dress in brilliantly colored silk scarves, blouses decorated with lace and sequins, and carry shepherds crooks with bells. The music is played with percussion instruments. Everyone sings songs and dances to the music celebrating Baby Jesus' birth. Christmas carols are part of what makes the Christmas season even more special. "The Drummer Boy" and "Silent Night" are among the favorite Christmas carols.

The Christmas meal is a family tradition. On Christmas Eve, houses smell of wonderfully prepared food. Turkey, chicken, ham, and ground beef are all a part of the meal. Side dishes include rice and leafy green vegetables. For dessert, pies, cookies, and apple turnovers are served.

The most important entree is the tamal* that in colonial times was made of leftovers, but now is made with carefully chosen foods and baked to perfection. The popular beverage is gaseosa*, a carbonated drink. Wine or beer is also served.

Usually gifts are only given to children. Children receive gifts of toys and clothes not only from their parents, but also from their godparents. The gifts are placed under the Christmas tree on Christmas Eve. The following morning, the children awake to find their presents which they believe Santa Claus has left for them. However, some families put the gifts underneath the children's beds which was the popular custom several decades ago.

On Christmas day, the yearly traditions continue. The church offers many services. There is a mass, baptisms take place, the Rosary is prayed, benedictions are given, solemn processions of Christ take place, and sermons are preached.

Another important tradition of Christmas day is going to the beach which is especially beautiful at this time of year. Family and friends go to the beach to continue their celebrations. Many people flock to the various beaches like La Libertad* Beach or Costa del Sol* Beach.

January 6th marks the end of the Christmas season with the celebration of the Three Wise Men. December is a special time of joy and love. It is a time when God is thanked for all that he has given. It is a time of treasured memories between family and friends when they have shared their blessings with one another.

Navidad en Granada

En esta isla tropical caribeña, las celebraciones navideñas son similares a las de las islas vecinas. Sin embargo, los símbolos que la caracterizan son los pesebres y la Estrella de Navidad.

Las actividades de Navidad empiezan el 15 de diciembre. Las tradiciones empiezan tan pronto se inician los rezos de Adviento. El final de la temporada navideña termina cuando se retira el pesebre.

Una decoración típica de Navidad es la *Flor de Pascua*, una planta que torna sus colores del rojo al blanco. Su nombre científico es *getrophia* pero se le conoce en la isla como *Nieve de las Montañas*. Otras decoraciones que se ponen alrededor de la casa son papeles brillantes, oropel, globos y estrellas. El árbol de Navidad juega un papel importante en lo que se refiere a congregar a la gente, pues en el centro de la ciudad o pueblo se pone un árbol que pertenece a toda la comunidad. Se realiza una ceremonia en la que un personaje de la política o un miembro destacado de la comunidad inicia la iluminación del árbol, que luego es decorado elaboradamente.

La comida típica de Navidad incluye estofado de guisantes, camote lila pequeño, jamón, pavo, cerdo asado, y jamón relleno. Como bebida se tiene el *sorrel,* que es un trago tradicional que se prepara de una vaina roja en estado maduro y que es típica de esta temporada. También se bebe cerveza de jengibre y la crema de ponche, que se parece mucho a la Crema Irlandesa.

Los villancicos tradicionales se cantan fiel y diariamente. Los cantos navideños de las Indias Occidentales se han hecho cada vez más conocidos y hacen sentir su influencia y varían cada año. En muchas de las islas del Caribe es muy común ir de casa en casa cantando villancicos. Muchas personas les dan dinero a los cantantes como pago por el deleite que traen. En la mañana de Navidad los bandas de músicos que deambulan por el pueblo o la ciudad entonan cantos navideños. Van visitando las casas de los amigos y disfrutando de comidas y bebidas que éstos les brindan. Los más populares cantos navideños son: "Oh, Pequeño Pueblo de Belén", "Noche de Paz", "Gozo Para el Mundo", y "Campanas que Suenan".

Christmas in Grenada

In the tropical Caribbean Island of Grenada, Christmas celebrations are similar to those o neighboring islands. However, the symbols that distinguish Christmas in Grenada are the nativity scene an the Christmas star.

On December 15, some Christmas activitie begin. Other religious traditions have begun as Adven commences four weeks before Christmas. The end of th Christmas season is recognized by taking down th Christmas decorations on January 6th.

In Grenada, a typical decoration is the Poinsettia a red plant that turns white. Its scientific name i Getrophia, but is locally known as Snow on th Mountain. Other decorations found around the hous include streamers, tinsel, balls, and stars. The Christma tree plays an important role in the celebration o Christmas. In the center of a village, a communit Christmas tree is located. A ceremony is held where politician or well known figure usually performs the inaugural lighting of the tree. It is then decorated elaborately.

A Christmas feast is prepared during the season Typical foods include stewed pigeon peas, tiny lilac yams ham, turkey, roast pork, and stuffed ham. Sorrel* is traditional beverage made from a matured seasonal re pod. Other traditional drinks are ginger beer and crem de punch,* which is similar to an Irish Cream.

Traditional Christmas carols are faithfully sun daily. West Indies carols are becoming increasingly popular in Grenada and change yearly. Two weeks befor Christmas, it is common for small groups of singers fro many nearby islands to walk from house to hous singing Christmas carols. They are sometimes rewarde with money. On Christmas morning, seasonal music i performed as band players drive around town. They visi the homes of friends and enjoy food and drink. Th favorite Christmas carols are "O Little Town o Bethlehem," "Silent Night," "Joy to the World," an "Jingle Bells".

Navidad en Guatemala

La Navidad en el país centroamericano de la República de Guatemala comienza el 7 de diciembre cuando se conmemora el día de La Concepción de la Virgen María, que festeja su pureza. Durante todo el mes de diciembre se realizan rituales tradicionales y celebraciones muy sentidas. En Guatemala se da un interesante sincretismo religioso producto de la presencia de la riqueza de la cultura Maya y las creencias cristianas.

El 7 de diciembre se realiza *La Quema del Diablo* en la que la gente acarrea fuera de la casa los objetos que ya no les sirve o aquéllos de los que quieren deshacerse para quemarlos en una pira en la que se revientan *cuetes*. Este es un rito de purificación que ayuda a ver cuáles son las cosas que verdaderamente importan en la vida y así estar preparados para la venida del Niño Jesús.

Del mismo modo, se decoran las casas con esmero pintándolas por dentro y por fuera para demostrar que no sólo se arregla el alma sino también las cosas materiales. Se usan manzanillas en forma de collares para adornar las paredes y pilares. Las *Flores de Pascua* adornan casas y balcones. En el piso se riegan astillas de pino para que su aroma llene el aire.

El árbol de Navidad que adorna la casa es el pino o *pinabete.* Y como la ley prohíbe cortar árboles, los ingeniosos indígenas de Guatemala hacen a mano y martillo, usando ramas de árboles, unas perfectas imitaciones que compiten con los verdaderos árboles. Se venden en calles y plazas. Los indígenas de este país hacen a mano ornamentos de Navidad muy coloridos y en una variedad de materiales.

El 16 de diciembre empiezan las *Posadas,* que consisten en un grupo de gente, llamados peregrinos, que van llevando a cuestas las imágenes de José y María. A medida que caminan van pidiendo a los dueños de las casas que les den un lugar para pasar la noche. Después de unas cuantas negativas contestadas con cantos, una casa finalmente les abre la puerta y cariñosamente los invita a entrar. Una vez adentro, se empieza el festejo en el que se sirven pasteles y frutas y se ofrece el delicioso *ponche guatemalteco*. En las oficinas se celebran fiestas navideñas entre empleados que se llaman *convivios.*

Nochebuena es una noche especial en Guatemala. Los guatemaltecos se reúnen con su familia inmediata. Mientras afuera los *cuetes* empiezan a sonar y reventar con estruendo en todas las calles de las ciudades y pueblos, en la intimidad del hogar se dice una oración de gracias antes de cenar. Posteriormente se abren los regalos y todos empiezan a bailar y cantar, disfrutando de la compañía mutua que crea lazos imborrables de unión que perdurarán en los momentos difíciles de la vida.

Las delicias culinarias de la cena son muy tradicionales, pero pueden variar de acuerdo a la región del país. Lo más típico es comer *tamales y ponche.* Dentro de la masa de los tamales se pone carne de *marrano o coche* con una deliciosa salsa de tomate. El *ponche,* en cambio, se hace hirviendo frutas secas, pasas, ciruelas, dátiles, azúcar morena y un poco de licor.

El día de Navidad se festeja muy religiosamente con oraciones de agradecimiento y, al mediodía, los *cuetes* y juegos pirotécnicos vuelven a sonar para unirse al rezo del Angelus, que celebra la anunciación del ángel a María.

Christmas in Guatemala

Christmas in the Central American country of Guatemala begins on December 7th. On this day, the Immaculate Conception is celebrated. It commemorates the purity of the Virgin Mary. For the entire month of December, many traditional rituals and celebrations are performed among the population of the country. Due to the significant presence and richness of the Mayan culture, an interesting religious syncretism between Mayan and Christians beliefs is present in this country.

December 7th is marked by a celebration called The Burn of the Evil. On this occasion, people take items from their homes that are not essential as well as items that they do not want anymore. These items are gathered in front of the house and burned with firecrackers. For Guatemalans, this tradition symbolizes their preparation of the coming of Baby Jesus. It is a way to purify themselves and see with new eyes what really matters in life.

Many decorations are prepared for the Christmas holiday. Houses are repaired or painted inside and out to show that not only the soul is "put in order," but the house as well. Small apples are used as decorations in the form of garlands. Poinsettias, the perennial flower, are used to decorate balconies and homes. Pine needles are spread out on the floor as their aroma fills the air.

The Christmas tree that adorns the house is the pine tree or pinabete*. It is a law in Guatemala that nobody can cut down trees. Because of this, the indigenous people of the country make trees that resemble the originals from actual tree branches. The trees are sold on the streets and in plazas. The indigenous people of Guatemala also make beautifully colored Christmas handicrafts.

On December 16th the Posadas* start. These are group of people called pilgrims who walk through the streets carrying images of Mary and Joseph. While walking, they ask homeowners to give them a place to spend the night. After being denied a few times, they finally stop at one house that opens its door and graciously lets them in. This starts a festivity where cakes, fruits, and delicious Guatemalan punch are served. At the offices, convivios* are held which are employees' parties.

Christmas Eve is a special day in Guatemala when the immediate family gathers together. On the streets, fireworks are set off at midnight marking the moment when Baby Jesus was born as such a special gift from God. At this time, prayers are said before the dinner feast is eaten. After dinner, the presents are opened. The families dance and sing all night while showing all their love for their closest ones, creating a special bond that will endure in the difficult moments of life.

The Christmas dinner is very traditional, but does vary within the country. The typical foods of Christmas are tamales* and ponche*. The dough of the tamales is made from corn with a filling of meat and delicious tomato salsa. Ponche* is made by boiling dry fruit, raisins, dates, brown sugar, and a little bit of liquor.

Christmas Day is a day that is celebrated very religiously with prayers of thanks. At midday, fireworks start once again. This time, they commemorate the visit from the angel, Angelus, to the Virgin Mary.

Navidad en Guyana

Las celebraciones de Navidad en Guyana empiezan el 15 de diciembre y terminan el 6 de enero, exactamente 12 días después de Navidad. Hay muchas festividades dentro de estas tres semanas navideñas. Los días más importantes son el Día de Navidad, el día llamado *Boxin Day*, celebrado el 26 de diciembre, y la *Noche del Doce*, que cae el 6 de enero.

Debido a una gran inmigración de gente proveniente de diferentes partes del mundo, hay una variedad de celebraciones de origen hindú, musulmán y cristiano durante todo el año.

La gente cristiana de Guyana celebra las Navidades con mascaradas que consisten de desfiles en las calles en los que los asistentes se disfrazan y bailan. Para el deleite de todos, algunos de los bailarines caminan y bailan montados en zancos, desplegando gran habilidad y equilibrio.

Las decoraciones que visten de fiesta el hogar en Navidad son iguales a las que se usan en otros lugares del mundo. Guyana tiene árboles de Navidad, luces coronas, Santas, renos, trineos y pesebres.

Las comidas típicas de Navidad son las mismas

que se preparan durante todo el año. Sin embargo, algunas se cocinan precisamente para Nochebuena. Las familias guyanesas no pueden dejar de saborear en Navidad el *Potaje de Pimientos,* que es un plato nativo, y la torta de fruta, que es cuidadosamente preparada en la temporada navideña para la cena de Nochebuena.

Los villancicos navideños más populares son: "Afuera en un pesebre", "El primer Papá Noel", "Escuchen a los ángeles", "Gozo para el mundo" y "Cuando los pastores pastaban su rebaño".

Christmas in Guyana

In Guyana, Christmas celebrations begin on December 15 and end on January 6, twelve days after Christmas Day. During these three weeks, there are many festivities. High points of the celebrations are Christmas Day, Boxing Day which is December 26, and Twelfth Night which is January 6.

Due to the migration of people from different parts of the world, throughout the year there are other celebrations of Hindu, Muslim, as well as Christian origins. The Christian people of Guyana celebrate Christmas with masquerades where people dress in costumes and dance in the streets. Some of the dancers are on stilts.

Decorations are similar to those used elsewhere. These include the Christmas tree, lights, holy wreaths, Santa Claus, reindeer and sleighs, and Nativity scenes.

Typical foods prepared year round are also served at Christmas and are freshly made. Families ensure that "Pepper Pot," an indigenous dish, and fruit cake are prepared for the Christmas meal.

The most popular Christmas carols include "Away in a Manger," "The First Noel," "Hark the Herald Angels Sing," "Joy to the World", and "While Shepherds Watched Their Flocks."

Navidad en Honduras

Las tradiciones navideñas de Honduras son muy orientadas a la vivencia familiar y al desarrollo artístico, social y cultural en beneficio de todos. La temporada de Navidad se inicia oficialmente el 24 de diciembre con la aparición de *Warini,* nombre con el que se conoce al precursor o heraldo de la Navidad. Este es un personaje que danza de casa en casa cubierto con una máscara y acompañado de cantantes y de dos tamborileros. La próxima vez que se lo ve danzar es el 6 de enero, marcando el final de la temporada navideña.

Los hondureños empiezan a decorar sus casas, pueblos y ciudades con adornos navideños en los primeros días de diciembre. Los pesebres son la parte más esencial de esta decoración. Las figuras del Niñito Jesús y su familia son elaboradas artísticamente en cerámica y barro. Muchos de estos pesebres toman meses en ser construídos. Sus tamaños varían de acuerdo al lugar donde van a ser ubicados; unos ocupan medio cuarto, otros se colocan en el jardín. Es costumbre invitar a familiares y amigos para que lo puedan admirar.

En el pueblo pequeño de Olancho se hacen concursos de pesebres en las calles. Materiales como musgo de montaña, barro y cuernos descascarados se convierten en ornamentos decorativos para estos nacimientos. Hay otros pesebres decorados con materiales que pueden llegar a costar mucho dinero.

La práctica de hacer *pesebres* de Navidad se convirtió en una tradición en Honduras debido al ejemplo que dieron las iglesias y catedrales a través del tiempo en todo el país. Las iglesias han hecho nacimientos desde hace siglos para recordar a los fieles que la Navidad es una fiesta de fe, paz, amor y reconciliación.

Los hondureños empiezan a preparar la comida de Navidad diez días antes de Nochebuena. En las calles del mercado se hacen pasteles de fruta que se venden junto con manzanas y uvas frescas. También se vende *rompope,* un licor hecho con leche, ron, coco y yemas de huevo.

Los grupos étnicos de Honduras continúan practicando la costumbre típica de los danzantes navideños. En pequeños poblados, la gente joven baila lo que se llama *tambakus,* una danza organizada por el barrio que se extiende hasta el atardecer, en la que los niños se reúnen para bailar y hacer amigos. Para acompañarlos se tocan guitarras, maracas y tambores. En cambio, en las mañanas navideñas, los niños y sus familiares bailan las rondas y participan en juegos populares, siendo uno de ellos el llamado *Oro.*

Muchas de las danzas modernas que ahora son muy comunes se han originado gracias a los *garífunas,* que es un grupo étnico africano de Honduras. A comienzos de diciembre, grupos de mujeres *garífunas* van danzando de casa en casa, y algunas veces son invitadas a entrar a los hogares donde bailan la danza llamada *Coliou.* Muchas veces reciben dinero de sus anfitriones para que con él puedan pagarse los gastos del resto de celebraciones navideñas. A los cantantes se les ofrece *guaro,* una bebida alcohólica mezclada con caña de azúcar. Estas danzas inspiran alegría en las comunidades.

La religión ha influenciado a las artes a través de los siglos. Muestra de ello es la tradición conocida con el nombre de *Pastorela,* iniciadas en Honduras por el muy conocido costumbrista José Trinidad Reyes. Esta consiste en una obra de teatro que recrea el momento en que los pastores llegaron a conocer al Niñito Jesús. Los niños se visten con disfraces del siglo XVIII para recrear esta escena. Esta obra es representada a lo largo de todo el país por ricos y pobres, incluso por artistas hondureños ya famosos, que empiezan a practicar para su actuación en octubre. Una de estas obras, la más popular, es la llamada *Laguna del Pescado*, en la que se usan disfraces tradicionales. Este tipo de arte despierta los sentimientos de compasión y misericordia entre los hondureños, elevando su espíritu para vivir y comprender mejor el sentido de la Navidad.

Otras costumbres navideñas se originaron entre los años 1933 y 1945, como las *veladas,* que son fiestas que duran toda la noche y que gustan mucho a la generación joven por la alegría navideña que hay en ella.

En el trabajo y la oficina, la temporada navideña tiene también sus repercusiones. Ante todo se recibe un cheque extra de *aguinaldo,* se organizan fiestas y se realizan los *cochombros,* que es un juego secreto de intercambio de regalos.

En Nochebuena se preparan platos que se sirven muy elegantemente en la mesa. Los platos principales son pavo relleno y *lechoncitos.* Mientras dentro de las casas se aspira un ambiente lleno de amor, en las calles de toda ciudad y pueblo hondureño se escucha el ruido de los cohetes reventándose y los juegos pirotécnicos. Cuando éstos terminan de tronar, se intercambian abrazos, se hace el brindis y se empieza a servir la cena.

Al celebrar la Misa del Gallo la iglesia usualmente está llena ya que la mayoría del pueblo es católico. En el transcurso de la misa se toca música tradicional con guitarras, tambores y, por lo menos, treinta instrumentos más que mantienen viva la memoria de los cánticos navideños. Las voces que proveen la melodía y la armonía son principalmente las de las sopranos. Muchas de estas canciones se ajustan al ritmo de los *hunguhungu o parranda*, que es la música popular de Honduras. La historia cuenta que las canciones *hunguhungu* tienen mucho significado para las abuelitas de los pueblos porque les da la oportunidad de recapitular los acontecimientos del año y traer a la luz los problemas que existen en las comunidades.

El día de Navidad se sirve un gran almuerzo. Las familias se reúnen y dan gracias por todo lo que tienen y comentan sobre los detalles de la misa de la noche anterior.

La procesión de Los Tres Reyes y la quema del Año Viejo se lleva a cabo el 6 de enero y esta celebración marca el final de la Navidad. Todos se sienten agradecidos por haber celebrado una vez más la temporada navideña.

Christmas in Honduras

The Christmas tradition in Honduras includes much time for the family with a combination of artistic expression mixed with the social and cultural festivals of the season. The Christmas season officially begins on December 24 with the appearance of the Warini*, the Christmas Herald. This dancer, wearing a mask, dances from house to house while being accompanied by singers and two drummers. The next time that he dances is on the 6th of January which is the end of the Christmas season.

In early December, Hondurans begin to decorate their homes, towns, and cities in a festive Christmas fashion. Nativity scenes are the most significant decoration of the season. Jesus Christ and his family are depicted by clay figures, which have been carefully made by artisans. These nativity scenes are a very special and unique art form. Some nativity scenes take months to build and generally last only a few weeks during the Christmas season. They vary in size and location: some can occupy half of a room while others are kept in gardens. Families invite friends and neighbors over to enjoy the beautiful nativity scenes.

In Olancho, a small town in Honduras, nativity scene contests are held on the streets. Certain materials such as moss, clay, and corn husks are transformed into ornaments. Other nativity scenes are decorated with more expensive materials.

The tradition of making nativity scenes in Honduras is based on the decorations found in churches and cathedrals throughout the country. In the churches, nativity scenes have been set up for centuries in order to remind the public that Christmas is all about their faith, peace, love, and reconciliation.

Ten days before Christmas, Hondurans begin to prepare food for their Christmas feast. Fruit cakes are prepared and sold, vendors sell fresh apples and grapes in the street-side markets, and bottles of rompope* (a combination of mild rum, coconut and egg yolks) are made.

In Honduras, Christmas dances are a typical custom for the majority of the ethnic groups. In small villages, young people dance tambakus*, which are dances organized in neighborhoods where children gather to dance and socialize until dawn. Guitars, maracas, and drums accompany their dancing. On Christmas morning, children and their families dance rondas*, which includes the playing of popular games such as Oro*.

Many of the more modern dances originated from the Garifunas*, a native group in Honduras. At the beginning of December Garifuna* women dance groups go from house to house. Sometimes they are invited into houses where they dance the Coliou* after singing a parranda*. Often, the host gives them a donation of money to support upcoming Christmas festivities. The singers are also offered guaro*, an alcoholic drink mixed with sugar cane. The dances are a time of joy and happiness for everyone.

The arts have been influenced by religion for centuries. One form of art during Christmas time is the tradition of Pastorelas* which was begun by Jose Trinidad Reyes. These are plays that tell of the arrival of the shepherds to meet Baby Jesus. Young children dress up in 18th century costumes to portray this scene. This tradition is practiced throughout the entire country by the rich and poor, as well as famous Honduran actors, who begin rehearsing for the plays in October. A popular form of the pastorelas* is Laguna del Pescado* (The Lake of the Fish) which uses traditional costumes. This art form brings a sense of compassion to the hearts of Honduran people to lift their spirits.

Many customs in Honduras come from the years between 1933 and 1945. For example, veladas* or overnight parties are very popular now among the younger generation, as a night when Christmas is happily celebrated.

In the work place, the Christmas season brings about some changes. First of all, the arrival of December brings the much awaited aguinaldo*, a bonus check for every employee. As Christmas approaches, offices hold Christmas parties. The parties include the cochombros* which are a secret-Santa exchange of gifts.

On Christmas Eve, elegantly prepared dishes are served. Stuffed turkey and lechoncitos* (roasted baby pig) are the main dishes. Family and friends enjoy time spent together. In the background firecrackers can be heard throughout the towns and cities. At the end of the fireworks, hugs and toasts are given as the family and friends begin to eat their meal.

Midnight Mass is packed because a majority of the country is Catholic. Traditional music is played throughout the mass, while guitars, drums, and at least thirty other instruments add to the liveliness of the Spanish Christmas songs. The melody and harmony of the songs are provided mainly by sopranos. A majority of the songs at Mass are in accordance with the rhythm of hunguhungu* or parranda* which is popular music in Honduras. According to historians, hunguhungu* songs are significant to grandmothers of the villages because it gives them a chance to bring attention to all the problems of their village.

On Christmas day, a large lunch is served. Families reunite, give thanks, and discuss the beauty of the mass the night before.

On January 6th, the procession of the Three Kings and the symbolic burning of the representation of Mr. Old Year, marks the end of the Christmas season. As the festivities come to an end, family and friends give thanks for the beautiful holiday season spent together.

Navidad en México

Las tradiciones navideñas de México se caracterizan por estar bien arraigadas y establecidas en la idiosincrasia del pueblo. Desde el 16 al 24 de diciembre se realizan cada noche Las Posadas, que son las celebraciones más importantes de esta época. A través de estas celebraciones se recuerda el peregrinaje lleno de incertidumbres que José y María tuvieron que realizar al viajar a Belén para los censos. Las *Posadas* poseen elementos de las tradiciones del pasado y de la historia de las luchas del pueblo de México por mantener su fe.

Las *Posadas* se inician con la procesión que comienza al atardecer. Los niños vestidos con mantos y túnicas doradas y plateadas marchan acompañados de adultos que van tocando los instrumentos musicales. Mientras caminan, el coro de niños va cantando varias melodías y tocando panderos y silbatos. Otros van llevando unas velas. Después de haber llegado a una casa que ha pedido ser visitada, se canta una sonata que imita los rechazos por los que pasaron José y María antes de encontrar una posada. La mitad del grupo se ubica frente a la puerta de entrada y hace el papel de José y María pidiendo posada, y la otra mitad, ubicada adentro detrás de la puerta, actúan como los dueños de casa, rechazándolos. Este diálogo se hace cantado, entre las preguntas de los de afuera y las respuestas de los de adentro. Más o menos después de cuatro estribillos los dueños de casa comprenden que se trata de la "Reina del Cielo" y "Madre del Divino Verbo" y les abren la puerta para invitarlos a entrar muy cordialmente. Los sentimientos de agradecimiento hacen que las festividades y el derroche de alegría empiecen. Seguidamente se hacen explotar cohete y juegos pirotécnicos, se cantan canciones navideñas, s baila y se sirven las comidas tradicionales como son lo tamales , las colaciones, cacahuates, ponche, gelatinas buñuelos y *quesadillas.* Al final se termina rompiendo l famosa *piñata mexicana* llena de colorido. Estas piñata se hacen de papel maché y crepé con curiosas formas qu representan figuras de animales o personajes ficticios. S cuelgan del techo y los niños, a los que previamente s ha cubierto los ojos con un pañuelo, tratan de romperla con un palo. Al romperse con el impacto del golpe, lo caramelos, frutas, nueces y juguetes que estaban dentr de las figuras se esparcen por todos lados y los niñ alborotados tratan de recogerlos. Esta celebración s repite cada noche hasta Nochebuena en que se celebra l más importante y grandiosa *posada* seguida de la *Mis del Gallo.*

En Nochebuena se convida a amigos y familiares para la cena. Las comidas típicas incluyen pavo relleno con almendras, filete de res y pescado seco. Otras delicias adicionales son plátanos verdes, pasas, aceitunas, plan blanco, tamales, *romeritos,* buñuelos hechos en casa, *pozole* y ponche mexicano.

La Flor de Nochebuena o la *Cuetlaxóchitl,* como la llaman los aztecas, es la flor de la temporada navideña y es una parte muy importante de ella. Su flor comienza a brotar en noviembre y se vende en el mercado en esta festividad. Sus pétalos cambian de verde a rojo oscuro en el mes de diciembre. Estas flores usualmente decoran los jardines y los caminos de este país y es originaria de México. En Estados Unidos de América y Europa la llaman *poinseta.* Así que esta flor es la contribución mexicana a las Navidades de todo el mundo.

En las tradiciones de México los *villancicos,* como se llama a las canciones navideñas, juegan un papel muy importante. Los villancicos son originarios de España y fueron traídos por los franciscanos y los españoles a finales del siglo XV. Más tarde los indígenas hicieron sus propias versiones basadas en lo que los sacerdotes les enseñaban. Además, tienen un tono religioso con sentido poético. Usualmente sólo se cantaban en la *Misa del Gallo*, mas ahora se usan incluso en otras épocas del año.

El nacimiento o pesebre es otra tradición mexicana para Navidad. Se encuentra en todo hogar mexicano y contiene básicamente las imágenes de José, María y el Niñito Dios. Cada *nacimiento* representa la venida del Niñito Jesús, pero su decoración varía de hogar en hogar. También hay lo que se llaman *pastorelas,* que son obras de teatro que imitan la escena del nacimiento de Jesús. Estas se representan en la iglesia. El órgano, las panderetas, las campanas, las *huijolas* y el coro de la iglesia contribuyen a hacerlas muy animadas. Las decoraciones navideñas de México son de estilo deslumbrador y vivaz.

Los árboles de Navidad se decoran con mucho esmero y a la Flor de Nochebuena se le pone lazos, al igual que a las *piñatas* de colores vibrantes que pueden tener mil figuras de animales. También hay concursos de belleza para elegir a la Estrellita de Navidad del año. Todas estas tradiciones están arraigadas por siglos de prácticas cristianas y costumbres aborígenes. Dentro de México hay ciertas diferencias en la celebración de estas festividades, pero el mensaje universal del nacimiento de Jesús es siempre la parte central de esta festividad.

Christmas in Mexico

Mexico's Christmas season is distinguished by its distinct, well-established seasonal traditions. From December 16th to the 24th the most important celebration, the Posadas* (The Inn), is celebrated nightly. It remembers the treacherous journey Mary and Joseph endured to Bethlehem. The Posada* carries elements of both the past and the present traditions of Mexico's history.

The beginning of the Posadas* starts with a procession at dusk. The procession consists of children wearing silver and gold robes while adults provide the musical accompaniment. As they walk, they hold lit candles and sing various melodies. Upon reaching a chosen house, Mary and Joseph's journey is reenacted. Half of the crowd takes on the role of Joseph and Mary asking for shelter; and the other half act as the innkeepers of the house who refuse them a place to stay. The innkeepers are eventually convinced that Mary is the Mother of the Savior and cordially invite everyone into their home. Appreciation of their acceptance is expressed as these festivities begin. They include fireworks, lively singing, dancing, and the serving of traditional foods such as tamales*, colaciones* (sweets), and quesadillas* (made of cheese and tortilla). Each Posada* ends with the breaking of colorful piñatas*. Constructed from crepe paper and paper maché*, they are made to resemble an animal or a fictitious character. The piñata* is hung from the ceiling and blindfolded children try to break it open with a stick. The piñata* contains candy, fruit, nuts, and toys which the children excitedly gather once it has been broken. This celebration is observed daily until the last and most exciting Posada* which occurs on the 24th of the month, followed by a Midnight Mass.

On Christmas Eve, a Christmas dinner is prepared for family and friends. Typical main dishes include turkey stuffed with almonds, steak, and dried fish. Plantains, raisins, olives, white bread, tamales, homemade doughnuts, and a delicious punch are also part of the meal.

La Flor de Nochebuena* or the Cuetlaxochitl*, as the Aztecs called it, is the Mexican Christmas flower which is an important part of the season. The flower begins to bloom in November and is sold in markets during the Christmas season. The petals of the flower change from green to a dark red during the month of December. They are used to decorate the gardens and streets in Mexico. The flower was introduced to the United States and the European continent as the poinsettia and has contributed to the Christmas tradition throughout the world.

Villancicos*, or Christmas carols, play an important role in the Christmas traditions practiced in Mexico. Originating in Spain during the late 15th century, the songs were introduced to Mexico by the Franciscans and the Spaniards. The Indians made their own versions of the villancicos* based on what they had been taught. Villancicos* are very poetic songs about religion. They were sung only at midnight mass in Mexico, but eventually they have spread to other religious holidays throughout the year.

The nacimiento* is another tradition of the Christmas season in Mexico. The nacimiento* is a nativity scene which includes Mary, Joseph, and Christ, and is present in every home. Each nacimiento* represents the birth of Christ in a slightly different manner with varying settings and art forms. Nativity plays, know as the pastorelas* in Mexico, also portray the nacimiento*. Taking place in the church, organs, tambourines, bells, huijolas* (water whistles) , and the church choir contribute to the sentimentality of these plays.

The Christmas decorations in Mexico are dazzling and lively in style. Christmas trees and poinsettia are elaborately decorated, brilliant animal-shaped piñata are constructed, religious pageants are held, and festivi ties are celebrated. Each of these traditions is characte ized by centuries of both Christian and native India practices. Within Mexico, the celebrations and tradition are slightly different based on various cultures, but th universal message of Christ's birth is the emphasis of th Christmas festivities.

Navidad en Nicaragua

Durante la época navideña lo nicaragüenses se preparan para la fiestas anuales de la Concepción de la Virgen María. Est celebración se lleva a cabo el 7 de diciembre a las 6 de l tarde y es conocida con el nombre de *La Purísima*. Ta es la emoción con la que se repiten los cantos y las ora ciones en este festejo que se la llama *La Noche de l Gritería*. Pues todos cantan a todo pulmón. Alguien d entre la multitud grita: "¿Quién es la causa de nuestr alegría?" Y el coro responde: "¡La Concepción de María! El grupo se detiene en las casas que hayan arreglad altares para la Virgen mientras los *triquitraques* (tira que se revientan de una a otra) explotan y los anfitrione convidan algo de comer y tomar a sus visitantes. Esta golosinas pueden ser dulce de *leche de burra, ayote e miel,* refrescos, *nacatamal,* naranjas decoradas, limone y trozos de caña. Los *chavales* (muchachos) obtiene sus *dulces en gorra* y hasta se les permite que para juga se tiren entre ellos unas *popas de agua*. La puerta de lo anfitriones se cie-rra cuando prácticamente ya no ha nada más que ofrecer.

Durante el mes de diciembre calles y casas so decoradas elegantemente. Las *Flores de Pastor,* de colo rojo adornan infaliblemente las fachadas de los hogare Una decoración distintiva es el *muérdago,* que se pone e el arco de la puerta. Este se hace de cáscaras de naran ja fresca a las que, después de adherirle clavos de olor, s adorna con una cinta de seda verde. Su fragancia s esparce en el ambiente para recordar a todos que ha llegado la Navidad. También se decora la casa con papel crepé rojo retorcido que se cuelga en el cielo raso del comedor y la sala. A las mujeres les encanta reunirse para cortar con tijeras unos lindos diseños de figuras de papel de seda llamadas *guirnaldas* que imitan a las *Flores de Pastor,* que al extenderse y colgarse en el patio dan un bello ambiente de fiesta. Los miembros de la familia que se distinguen por sus cualidades artísticas tienen la oportunidad de hacer diseños complicados y llamativos. El pesebre se coloca en un lugar visible para recordar a todos que Jesús es el centro de estas celebraciones. Otra tradición es el rezo de la Novena del Niño. Y conjuntamente con estos rezos, la iglesia empieza a tocar por las bocinas las canciones de Navidad desde las 4 de la madrugada.

La mañana del 24 de diciembre los hogares nicaragüenses se convierten en lugares de regocijo en donde se prepara la cena de Nochebuena. En Nicaragua se invita a amigos y familiares a los hogares a pasar la celebración del nacimiento del Niño Dios. La cena de Nochebuena se prepara muy laboriosamente con los miembros de la familia. El plato típico es el *arroz a la valenciana,* que es la versión latina de la paella de España, gallina de patio, *nacatamal* (un tamal hecho de harina de maíz, pollo o cerdo, papas, cebollas, arroz y menta envuelto en hojas de plátano). Se sirve pan recién salido del horno y hecho en casa. Como postre se come *bizcochos* y se bebe *ponche,* que es una bebida hecha de ron.

Ya entrada la noche, las familias se preparan para ir a la Misa del Gallo, siendo invitadas a asistir por las constantes campanadas de la iglesia que resuenan en las calles. En ellas se encuentran grupos de gente que aunque no se conozcan van acompañándose en el camino. Lo que llena el ambiente dentro de la iglesia es el olor del *saumerio* y el *ocote* que se quema junto al pesebre. El pesebre está frente al altar, ocupando toda el área. Cuando la misa se acaba, la gente hace cola para ir a besar la figura que representa al Niñito. Hay personas que recogen un puñado de musgo o paja del pesebre como un recuerdo de la misa.

Después de la misa la gente regresa a sus hogares y la figura del Niñito Dios es colocada en el pesebre del hogar como símbolo de que ya nació. Los niños empiezan a corretear por la casa para encontrar y abrir sus regalos y ver lo que el Niñito Dios les ha traído.

El 6 de enero otra vez hay ilusión en la casa por la venida de los Reyes Magos. Este es el día en que los padrinos visitan a sus ahijados y les traen regalos. Los padrinos de bautizo o confirmación de la iglesia católica en América Latina tienen un papel importante en la vida de sus ahijados y por eso los padrinos actúan como padres dando regalos de Navidad a sus ahijados. La noche anterior se ponen los zapatos afuera, del otro lado de la puerta, para recibir los regalos de los Reyes. Los zapatos se llenan con la paja que se recogió en Nochebuena del pesebre de la iglesia. La paja es para los camellos, ya que las madres cuentan a sus niños cuán cansados están los camellos de venir viajando del Oriente. Lo que los Reyes Magos dejan a los niños este día son pequeños regalos y caramelos.

Christmas in Nicaragua

During the Christmas celebrations on December 7th, Nicaraguans prepare themselves for one of their yearly traditions that honor the Immaculate Conception. This celebration is called La Purísima* (The Most Pure). The prayers and songs for the Virgin Mary and the enjoyment of these festivities are such that they are called "La Noche de Gritería" (The Night of the Screaming) because of the songs sung at their heart's content. Somebody from the crowd will ask loudly, "What is the cause of our happiness?" And the chorus will answer, "The Conception of the Virgin Mary!" While the crowd stops in front of the houses that have fixed an altar to honor the Virgin, triquitraques* (fireworks) explode, and treats are offered at every house. These treats might include leche de burra* (a sweet called donkey's milk), ayote en miel* (pumpkin with honey), nacatamal* (tamal with stuffing meat), oranges, lemons and, chopped caña* (cane). The chavales* (children) get their dulces en gorra* (bag of candies), and they are even allowed to shoot at each other with popa de agua* (water balloons). Finally, the door of the hostess closes when there is no more food or candies to share.

In December, elegant Christmas decorations fill homes and cities. On the outside of the houses, red poinsettias are an essential decoration. Inside the decorations that are first displayed are orange balls filled with spicy and aromatic cloves to which green lace has been attached so that they may be hung from the top of doorways. These are called muérdago* and are like mistletoe. Their fragrance spreads throughout the entire room symbolizing the arrival of Christmas. In addition, houses are decorated with red crepe paper that is twisted and hung in living rooms and dining rooms. Also, women get together to cut beautiful designs out of colorful silky papers called guirnaldas* simulating the poinsettia, which in Nicaragua is called Flores de Pastor* (Shepherd's flowers). These papers are displayed on patios where many Christmas celebrations take place. The nativity is placed in a corner of the house. It reminds those celebrating that Jesus is the center of the joyous Christmas celebrations. Another tradition is the Novena del Niño* (Nine Days Before Christmas prayers). In order to stimulate the Christmas spirit, churches start to play Christmas carols at 4 a.m. over loud speakers.

On the morning of December 24th, Nicaraguans' homes become jovial places where families prepare Christmas dinner together. In Nicaragua, Christmas is a celebration where family and friends are invited to other people's homes to celebrate the birthday of Christ. The typical food for dinner is the Valencia style rice, similar to the Spanish saffron-flavored dish called paella*, gallina de patio* (stuffed chicken), nacatamal* (a tamale made of corn flour, pork or chicken, potatoes, onions, rice, mint, and wrapped in a plantain leaf). Freshly baked bread is prepared for dinner as well. Spanish biscochos* are served for dessert. After dinner, everybody drinks ponche*, a beverage made of rum.

Late at night, families prepare to go to church. The church bell rings, inviting people to attend Midnight mass. Groups of people reunite in the streets and walk to church. Inside the churches, incense is burnt around the nativity scene, which occupies the entire top of the altar. Splinters of the ocote* tree are added to the incense. When mass has ended, people wait in line to kiss the Baby Jesus. Some people get a bit of grass from the manger and take it home as a reminder of the Midnight Mass.

After mass, people return to their homes. Then they place the figure of Baby Jesus in the nativity to symbolize that finally he has been born. Children then run around the house to find the presents that Little Jesus has brought them.

January 6th is the day of the Three Wise Kings or the Epiphany. On this day, godparents visit their godchildren and bring them presents. The grass that was taken from the church on Christmas day is placed in the children's shoes. Then the shoes are placed outside the house in order to receive the presents from the Three Kings. In the morning, children find small presents or candy in their shoes. The grass that is left in the shoes symbolizes a gift of food for the camels who brought the Kings to visit Mary and Joseph at the manger.

Navidad en Panamá

En Panamá cada provincia tiene su propia manera de celebrar la Navidad especialmente porque en otras áreas del país hay diferentes grupos étnicos indígenas. Aparte de los pobladores de las ciudades, algunos grupos indígenas que viven en el *interior* del país son los *Chibchas,* los *Kunas* del Atlántico, los *Chocoes* y los *Guaimies.* Se sabe muy poco sobre sus costumbres debido a que mantienen los secretos de su cultura en el círculo de su propia gente. Entre ellos la Navidad se celebra con un interesante sincretismo religioso. En Adviento, que tiene lugar durante la época anterior a la temporada navideña, las familias empiezan ya a reunirse preparando la Navidad. Se juntan para escuchar la música de los villancicos de Europa y Estados Unidos. Es muy común tener muchas fiestas antes del día de Navidad, a ellas se invita a amigos cercanos y familiares. Se canta, se baila, se come y se disfruta de la compañía de todos. Esta es la época en que los padrinos hacen fiestas pequeñas para sus ahijados en anticipación del día de Navidad.

En la ciudad, la decoración que se elabora con más cariño y cuidado es el *pesebre*. La mayor parte de las veces se arregla dentro de la casa, otras al frente, en el patio o en el jardín. La responsabilidad de la elaboración del pesebre recae a través de los años en los miembros de la familia y todos colaboran en él. La gente se vuelve muy creativa en cuanto a construir el pesebre, unos ponen un fondo estrellado o tan sólo una sola estrella pintada en papel de manila, otros construyen el piso del *pesebre* con césped verdadero y los riachuelos y lagunitas con pedazos de espejos. La base de la escena de Belén es la Sagrada Familia, y con ello se empieza. Sin embargo, con el paso del tiempo se van agregando, pastores, reyes, animalitos, casas...¡y se termina teniendo un pueblo entero! Las figuras están hechas de yeso, madera o cerámica. Es muy distintivo el hecho de que en la ciudad algunos barrios cierren las calles para que el público pueda caminar apreciando los diferentes pesebres de Belén y sus decoraciones. Hay banderines de bienvenida en cada una de las bocacalles. Los pesebres tienen, además, árboles de Navidad, música e incluso payasos para contentar a los pequeños.

Los niños reciben mucha atención en Navidad porque los padres utilizan esta celebración para educar a sus hijos. Ellos los reúnen para contarles historias acerca del nacimiento del Niñito Dios y su vida humilde. Con este propósito los llevan a visitar las iglesias desde Adviento y les recuerdan la importancia de vivir una vida de obediencia a los padres y de buen comportamiento. Ellos, por su parte, se empeñan en portarse bien para complacer no sólo a los padres sino también al Niñito. Los regalos de Navidad son muy esperados por los niños. En las grandes ciudades los presentes navideños se encuentran en la mañana del 25 debajo del árbol o debajo de la cama. En las áreas rurales los niños tienen que esperar hasta el 6 de enero para recibirlos. Debido a la presencia de la base militar de los Estados Unidos en el Canal de Panamá, la costumbre de Papá Noel se ha iniciado también en este país.

Originalmente, los árboles de Navidad eran hechos a mano con papel celofán (porque no habían árboles de pino o ciprés) y los vecinos se ponían de acuerdo para usar cada año un color determinado para que toda la calle luciera de un solo color. Posteriormente, el gobierno motivó a la gente a sembrar árboles y, como resultado de ello, se empezaron a decorar árboles de verdad en cada Navidad.

Otra costumbre de Panamá es el rezo de la Novena navideña, y es una práctica que bien se realiza en los hogares o en la iglesia. Asistir a la Misa del Gallo es un acontecimiento muy especial para los panameños. Es prácticamente el momento cumbre de las celebraciones navideñas.

Al terminarse la misa todos salen llenos de contento a visitar y abrazar a los amigos. Una cena especial espera en casa al regresar. Panamá disfruta de una variedad de mariscos gracias a su ubicación geográfica junto al mar: pulpos, langostas, cangrejos, camarones gigantes y mucha variedad de pescado. Hay el sabroso *sancocho* y el plato de todos los días que es el arroz con coco o *guandu*, o arroz con fréjol. Como postres se disfruta de arroz con piña y se sirven *piñas coladas* sin alcohol. Y como se han invitado a familiares y amigos, éstos continúan escuchando música y bailando, ya que la Navidad para los panameños es, sobre todo, una fiesta para disfrutar del calor humano entre los seres queridos. Para resumir, la Navidad es un tiempo en el que las familias tratan de estar juntas y aquéllos que viven lejos hacen todo lo posible por volverse a ver para compartir la alegría y la paz de la Navidad.

Christmas in Panama

In Panama, most provinces have their own special way of celebrating the Christmas holiday representing the variety of ethnic groups in this country. In addition to the population of the cities, there are four main groups of indigenous people who live in the "Interior" countryside: the Chibchas, the Kunas* from the Atlántico, the Chocoes* and the Guaimies.* Little is known about them because they keep their cultural traditions to themselves. During Advent, families spend much time together. Houses are filled with Christmas music including carols from Europe and the United States. Christmas parties are also common. These parties take place at home during the days before Christmas and are enjoyed both by family and friends. There is much singing, dancing, eating, and enjoying each other's company. Many times, Godparents have small parties with their Godchildren in anticipation of Christmas day.

The most common decoration used with much pride and care is the nativity scene showing the Holy Family. Other figures such as shepherds, animals, and houses are also added to this scene. It is usually placed inside the home; however, some are located on porches or in gardens. Throughout the year, family members add to the nativity scene. People are very creative when building their nativity scene. Many scenes have a background made of manila paper where a large star is painted, and the ground may be made of real grass. Others include small ponds or streams made with mirrors. In some neighborhoods, streets are closed so people can walk through the area admiring the Bethlehem themes and decorations. There are welcome banners at the entrances and exits of these streets. Just about every house displays the nativity scene as well as Christmas trees and plays music. A few houses even have clowns to entertain the children.

Children play an important role in preparing for Christmas. At home, parents tell them stories about the birth of Baby Jesus or Niño Dios*. During Advent visits to church, children learn about manners and good behavior so that during the Christmas season they can please Baby Jesus. Children anxiously anticipate Christmas presents. In large cities, children awake to find their gifts under the Christmas tree or under their beds. In the rural areas, children wait until January 6th to receive their presents. Because there are many American bases in Panama, the custom of Santa Claus has had some influence on the country's Christmas traditions.

The Christmas trees are widely used. They used to be hand made from cellophane paper of different colors. However, the government began encouraging the growth of real trees for local consumption. As a result, real trees are now being displayed in homes.

Novenas* (Nine Days Before Christmas prayers) are faithfully recited by members of the church. These Christmas Novenas* take place at home or in church. The Misa de Gallo* (Midnight Mass) is a cherished celebration in Panama. It is the climax of the Christmas celebrations.

Everyone returns home in a joyous spirit; then people visit neighbors to wish them well and a special supper with family and friends takes place. Because of its geographical location, Panama enjoys a variety of delicious seafood: octopus, lobster, crabs, and the most widely enjoyed, jumbo shrimp along with many kinds of delicious fish. Furthermore, there is sancocho* (type of soup), and the everyday rice with coconut or guandu*, or the plain rice with beans. As desserts, arroz con piña* (rice with pineapple) or non-alcoholic piña colada* is served. Usually there is music and dancing. Being at home to enjoy the company of family and friends is very important on this significant day, so families sometimes travel to join their relatives.

Navidad en Paraguay

El noventa y cinco por ciento de

la población de Paraguay pertenece a la religión católica debido a que esos territorios fueron conquistados por los españoles en el año 1524. A eso se debe que las costumbres y tradiciones navideñas de Paraguay se ajusten completamente a las de la iglesia católica romana. Pero lo que es realmente extraordinario acerca de este país, cerrado geográficamente sin acceso al mar y ubicado al sur de la línea del meridiano ecuatorial, es que es el único país latinoamericano donde el noventa por ciento de la población es bilingüe. De ahí que su Constitución ha consagrado el hecho de que los dos idiomas oficiales de Paraguay son el español y el guaraní.

La temporada de Navidad comienza el 8 de diciembre y termina con la celebración del día de la Epifanía el 6 de enero. El 8 de este mes se celebra la fiesta de La Inmaculada Concepción de María, que en Paraguay es llamada la fiesta de *Nuestra Señora de Caacupe.* En el mes de diciembre llega la estación de verano y los estudiantes están de vacaciones anuales.

A través de los años, Santa Claus, conocido en Paraguay con el nombre de *Papá Noel,* se ha vuelto cada vez más popular en razón de sus apariciones en televisión y en revistas extranjeras, así que ahora es parte de la decoración navideña.

La Nochebuena se celebra con una cena familiar. Los platos principales que se sirven son pato, *ryguazu kae* -que es como se llama al pollo-, cordero y pavo. *Kiveve* es un plato a base de *andai* (calabaza), idóneo para acompañar el famoso asado. Se sirve una sopa paraguaya, que es muy espesa y se parece al soufflé, también se sirve ensalada. Los postres y bebidas son ligeras, ya que es verano y hace calor. Se toma un poco de cerveza, empero, la sidra es una bebida muy común. Después de la cena la familia asiste a la misa.

En este país también es popular el *pesebre.* Éstos se elaboran usando materiales diversos como papel, barro, madera, terracota y mármol. Los pesebres se construyen en casas, iglesias, hoteles, escuelas y otros edificios públicos.

Otro día especial y más importante para los niños es el 6 de enero con la fiesta de la Epifanía pues, por un lado, ésta refuerza la importancia de la unión familiar alrededor de la Sagrada Familia y, por otro, es el día en que los niños menores de 12 años reciben regalos traídos por los Reyes Magos.

Debido a su bilingüismo, en Paraguay hay dos maneras de desear lo mejor en estas fiestas; una es en español con la frase "Feliz Navidad", la otra es en guaraní: "V'ya pave mita tupara-pe".

Christmas in Paraguay

Ninety-five percent of Paraguay's population has become Roman Catholic since being conquered by the Spaniards in 1524. As a result, the celebrations and customs of Paraguay have been influenced by Roman Catholic traditions. But what is really remarkable about this land locked country (meaning that they do not have access to the sea) is that it is the only Latin American country where ninety percent of the population is bilingual. Hence the Constitution provides that the two official languages of the country are Spanish and Guaraní.

December 8th is the beginning of the Christmas season. Then the Immaculate Conception of the Virgin Mary is commemorated with the celebration of Our Lady of Caacupe*. The Christmas celebrations end on January 6th with the Feast of the Epiphany. Since it is summertime there, the students are on vacation from school.

Throughout the years, Santa Claus has become more popular due to his increased appearance on television and in foreign magazines. In the big cities of Paraguay, Santa Claus figures are used to decorate the streets. However, he is known as Papa Noel*.

Christmas Eve is celebrated with a family dinner. The dinner consists of duck, ryguazu kae* (chicken), lamb, and turkey. A Paraguayan soup, which resembles a soufflé, is served as well as a hearty salad. Because it is summertime, light drinks and desserts are served. Some beer is served, and sidra* (cider) is even more common. After the meal, the family attends midnight mass.

A decoration found throughout the country is the

Pesebre* or the Nativity scene. It is made of different materials such as paper, clay, wood, terra-cotta, and marble. The pesebres* are shown in houses, churches, hotels, schools, and other public locations.

The most important day during the Christmas season in Paraguay is the Epiphany, which celebrates the importance of the Holy Family and the arrival of the Three Wise Men. The children especially enjoy the day because they receive gifts from the Three Wise Men (the Magi).

In Paraguay, there are two ways to say Merry Christmas: "V'ya pave mita tupara-pe*" in Guarani* or "Feliz Navidad*" in Spanish.

Navidad en Perú

"Las celebraciones de Navidad en Perú empiezan a finales del mes de noviembre. Las más variadas Ferias de Navidad se esparcen por toda la ciudad. En éstas se venden regalos y sorpresas que, a pesar del terrible tráfico y premura de la gente por comprar, llegan a trasmitir el mensaje navideño.

Los primeros días de diciembre se arma el nacimiento en casa, que los hay de todo tamaño, tipo y gusto. Se acostumbra plantar desde noviembre, cebada y trigo en latitas. Para diciembre los brotes están verdes y hermosos y se colocan alrededor del nacimiento, dando así un ambiente campestre de Belén al pesebre. Se colocan todos los personajes del pesebre, mas se guarda para Nochebuena la figura que representa al Niñito Dios. Hoy en día, tomando las costumbres extranjeras, en las casas no falta el arbolito de Navidad, que con el resplandor de las lucecitas de color da una nota de alegría y emoción.

Hace algunos años las familias asistían a la Misa del Gallo que se celebra en la Catedral de Lima y en las principales iglesias. Hoy, debido al tráfico y por seguridad, muchos acostumbran ir a la iglesia del barrio a horas más tempranas, lo que permite pasar la Nochebuena e casa. Las últimas horas del 24 de diciembre son de impa ciente espera y expectativa, sobre todo para los niños. L reunión de Nochebuena es generalmente en la casa de lo abuelos, donde se amontonan los regalos que señalan quien pertenece: "de tal para tal". Los niños juegan en l calle reventando cohetillos y los adultos se juntan para l charla, los brindis y los preparativos.

Cuando dan las 12 de la medianoche se coloca a Niño Jesús en la cuna, se reparten los abrazos, se hac una mención de agradeciento y bendición para el hoga y, por fin, se abren los regalos y se inicia la cena.

La cena tradicional es el pavo al horno o el poll dorado, que lleva los más diversos rellenos según e gusto de cada ama de casa. Como postre se tien *panetón,* que es un bizcocho de pasas con fruta glaseadas y se bebe chocolate caliente.

El 25 se va a visitar a los demás familiares amigos más queridos para darles un abrazo y, si es posible, llevar un regalito.

El Día de los Reyes se celebra ya en muy poco hogares. Ese día se comparte una *Rosca de Reyes,* dond se dejan unas cintillas sueltas, de una de las cuales s prende una joyita o sorpresita que va escondida dentro d la rosca." (Cortesía de Gisela Bolliger).

En el campo y en el interior del país, entre lo descendientes de los Incas, la Navidad tiene sus matice y marcadas diferencias. La mayoría de los villancicos s cantan en *quechua,* que es el idioma indígena. Los má conocidos son "Villiviliskaschay", "Kacharpari Niñ Jesús", "Mmanmán y Chillín", "Chillín Campanilla". Lo indígenas peruanos se imaginan a Jesús con un color d piel similar a la de ellos y vestido con *bayeta,* poncho *chullo* hecho de lana y usando *ojotas* como zapatos.

La idea misma de Navidad es más simple en su corazones, ellos no creen en tantos adornos y luces d colores, ni en la visita de ángeles y ricos reyes. Por e contrario, los hombres adornan sus monturas con flore silvestres y las mujeres prefieren entrelazar las flores e sus trenzas. A sus animales les hermosean poniéndole lanas de distintos colores en las orejas. Ocho días ante de Navidad y hasta el 6 de enero, niños y adultos recorren las calles estrechas de los pueblos vestidos adecuadamente con disfraces y máscaras y llevando para tocar instrumentos musicales como el arpa, los pitos, los cascabeles y matracas y la quena. Van gritando y aclamando que el pequeño Jesús nació en el Cuzco.

Ellos se detienen en cada nacimiento para cantar y bailar en su honor. También se quema incienso y mirra, cuyo aroma da un aire especial y dulce a todas las calles. Los vecinos brindan *chicha,* una bebida muy tradicional de la región de los Andes, y también se ofrece chocolate a los cantantes. La Misa del Gallo se celebra con instrumentos musicales como las *challalas palchascay* o pitos de agua. Otra vez el incienso y mirra perfuma el aire. En esta misa se celebra que el Niñito Jesús bajó del Sol de Soles, a traernos un bello mensaje de amor. Después de rezar el Padre Nuestro en sus camitas, los niñitos cuelgan sus medias en el nacimiento para ver si el Niñito quiere compartir un poco de sus juguetitos con ellos. Se siente mucho amor en esta época y se trasmite esta emoción a los seres queridos. Por eso los abrazos que se dan vienen acompañados de estas expresiones: "Chololo picantero, abrázame fuerte", o "Un abrazo waykay!" o "Waykey, hermanón, que pases una bonita Navidad con tu familia!"

Todos los peruanos aspiran mantener esta hermandad de Navidad durante todo el año para el bien y la paz de su pueblo y de toda la nación.

Christmas in Peru

Near the end of November, the Christmas celebrations start in Peru. There are a variety of fairs throughout the cities where gifts are sold during December. Entire cities are decorated with lights which tell of the Christmas message.

During the first days of December the nativity scene is built in homes. Wheat seeds are planted in small pots in November; and by December, they are green enough to be put around the nativity scene. This gives the nativity scene a touch of the country. Various figures are placed in the nativity in December. However, the figure of Baby Jesus is not added to the scene until Christmas Eve. Other decorations add to the Christmas spirit as well. Christmas trees are decorated, and lights provide a sense of graciousness and happiness to the house.

Mass is a special tradition during Christmas. Years ago, everybody used to go to midnight mass at the Cathedral in Lima. However, due to danger and congestion, people now attend in their nearby churches. Families gather well before midnight in order to spend time with their family. This gathering usually occurs at the house of the grandparents where children look around the house for their presents. Everyone is excited about their gifts. Families go outside to play with firecrackers as adults set them off and children watch. Families chat and drink as they watch the beautiful display of the firecrackers in the air.

When the clock strikes midnight, Baby Jesus is placed in the nativity. Hugs are exchanged, the head of the family says a prayer of thanks and blesses the home. It is then that the children can open their presents before dinner.

Dinner is prepared well in advance of Christmas day. It is served with turkey and a variety of fillings or stuffing. Champagne is the main beverage for adults. For dessert, Peruvians eat the panetón*, which is a bread made with raisins and glazed fruit. Hot chocolate is also prepared with dessert.

Christmas day is spent visiting family and friends. Gifts are sometimes exchanged as well. Family reunions and gatherings are very common.

January 6th is the day of the Three Kings. Unfortunately, it is not as commonly celebrated as it once was. However, those who do celebrate the day share the King's rosca*, a type of bread. This bread is decorated with lace and a small piece of jewelry or another surprise is hidden inside the loaf.

In the countryside among the indigenous descendants of the Incan nation, Christmas is celebrated with remarkable differences. Most of the Christmas carols are sung in Quechua*, the language of this indigenous people. The most common carols are called "Villivilliskaschay*", "Kacharpari Niño Jesús*", "Mamanmán*", and "Chillín, Chillín Campanilla*" (Bells are ringing). The indigenous people imagine Baby Jesus with a skin color similar to theirs and dressed with bayeta* (baize), a poncho* and chullo* made of lamb, and wearing ojotas* as shoes.

The idea of Christmas is simpler among these people. They don't believe in the fanciness of lights or of visiting kings and angels. Instead, the decorations are made of wild flowers which men put in the harnesses of their animals and women braid into their hair. Their animals, which are much loved, are dressed up with colorful wool which is woven into their manes and tails. Eight days before Christmas, children and adults run through the streets of the town dressed for the occasion playing musical instruments such as pitos* (whistle), arpa* (harp), quena* (Indian flute), cascabeles* (jingle bells), and matracas* (noisemakers). Children claim loudly and with much pride that Jesus was born in Cuzco.

They stop at every nativity scene to sing and dance for Baby Jesus. The smells of incense and myrrh fill the air and move the hearts of the people. Neighbors share chicha*, a traditional beverage of the Andean region, and chocolate with all these singers. The midnight mass is celebrated with music played with instruments such as challalas palchashay* or the water whistle. For them, Baby Jesus came from the Sun of the Suns to bring the beautiful message of love. Little children hang their stockings at the nativity to see what Jesus wants to share with them. They feel so much love that big hugs are shared among families and happy expressions of "¡A waykay* hug!" and "¡Waykey*, brother, have a merry Christmas!"

Navidad en Puerto Rico

Las celebraciones de Navidad en esta preciosa isla borinqueña duran varios días. Empiezan en diciembre con las oraciones de Adviento, y concluyen oficialmente en enero con la celebración del Día de los Reyes. Con todo, ésta puede extenderse hasta el rezo de las *Octavitas,* que vendría a ser ocho días después de Epifanía.

Familiares y amigos participan en la realización de las *Parrandas o Asaltos* en las que la gente se entretiene con alegría. Las *Parrandas* puertorriqueñas son visitas sorpresas de amigos y familia a un hogar en la época de Navidad. Grupos de gente van de casa en casa durante las *Parrandas,* donde luego se inicia el baile. Cada noche hay una *parranda* en una casa distinta y la llegada de los *parranderos* es una visita sorpresa, de ahí que se le conozca también con el nombre de *asaltos.* Todos limpian sus casas y las mantienen listas para recibir a los sorprensivos *parranderos* que vienen en *asalto,* desprevenidamente. Nadie sabe el día ni la hora de su llegada. Una vez en casa, las *parrandas* duran hasta la madrugada. A altas horas de la mañana, por lo general, los *parranderos* se sienten cansados, así que se prepara una sopa de pollo para darles fuerzas y que continúen cantando.

Para cantar las melodías navideñas se utiliza la típica guitarra pequeña de Navidad llamada *cuatro,* el *güiro,* (hecho con una concha de madera que es la fruta de un árbol de peras), el triángulo y las maracas (que es un instrumento musical hecho de calabaza con pepitas o piedras pequeñas que lo hacen sonar). La gente se va reuniendo a medida que los *parranderos* van pasando y estos van llevando a cuestas las figuras del Niñito Jesús que se va depositando de casa en casa. La figura del Niño se deja en la casa donde se celebró la última *parranda* y el último anfitrión tiene que llevarlo en Nochebuena a la iglesia. En la iglesia se hace una dramatización de la escena de Belén y se prosigue a tener la Misa del Gallo.

Para experimentar con más alegría la época navideña, los puertorriqueños ponen luces de colores en los árboles de Navidad, en las ventanas, los balcones y otros lugares alrededor de la casa. Los nacimientos tienen el nombre de *Belenes* en Puerto Rico e incluyen para empezar, las figuras del Niño Dios, José y María, hechas de madera, plástico o porcelana. Para completarlo se agregan figuras de pastores, animales, casitas y más detalles. Luego se invita a los vecinos y familiares a ver este retrato en miniatura de la historia de Navidad. Mucho antes de que el árbol de Navidad hiciera su aparición en los hogares, se colocaban unas bellas figuras de los Reyes Magos labradas en madera. Algunos niños tenían, y hasta ahora tienen, un Rey Mago favorito al que le escriben pidiendo determinados regalos.

Nochebuena se celebra con la familia íntima y los amigos más queridos. La típica comida que se prepara es *arroz con gandules* y plátanos fritos, guineos cocidos, lechón asado o puerco a la varita, morcillas y chicharrones. Un delicioso pastel se hace con plátano guineo, papa, yuca y relleno de carne. Los postres favoritos son *arroz con leche, tembleque,* (hecho de maicena, azúcar, leche de coco y salpicado con polvo de canela), nueces, avellanas, turrones, dátiles y el conocido *coquito,* que es una bebida preparada con leche de coco y licor.

El día de Los Reyes Magos o Epifanía, celebra la venida de Melchor, Gaspar y Baltasar, que son los magos de oriente, que vienen a visitar al Niño Dios, con presentes de oro, incienso y mirra. Esta es la fiesta más esperada por los niños puertorriqueños, pues en este día se reciben los regalos. La noche anterior los niños van al patio de la casa o al campo con una caja vacía de zapatos en la que van poniendo hierba fresca. Ésta se pone debajo de la cama, junto con un poco de agua en agradecimiento a los camellos, para que éstos se alimenten después de su largo camino cargando a los Reyes Magos, pues ellos vienen a dejar los regalos. Otros niños hacen una bola compacta con la hierba y la adornan con un lazo antes de ponerla debajo de la cama. Los padres se levantan muy temprano y quitan un poco de la hierba para hacer creer a los niños que los camellos sí disfrutaron de su comida y proceden a poner los regalos debajo de la cama. Los niños se despiertan y encuentran para su halago regalos y caramelos.

Finalmente, ocho días después de Epifanía, los puertorriqueños tienen la creencia de que lo cortés es devolver la visita a las personas que los visitaron el Día de Reyes. Por ello se llaman *Octavas u Octavitas.* Esta visita incluye cantos y música en vivo. Esta tradición está desapareciendo cada vez más. Sin embargo, es con ella que oficialmente se cierra la temporada navideña en la isla del encanto.

Para los puertorriqueños la Navidad es un tiempo de *parrandas* y alegría junto a los seres queridos, pero más que eso, es un tiempo de reconciliación y renovación espiritual.

Christmas in Puerto Rico

Christmas in Puerto Rico is a jovial celebration, which lasts for many days. It begins in December with the prayers of Advent. Nine days before Christmas at 5 a.m. or 6 a.m., the Misa de Aguinaldo (Mass of Christmas time) is celebrated in church. For most people their season ends in January with the celebration of the Three Wise Men.

Family and friends participate in the Christmas season with a celebration of the Parranda* in which people engage in merry entertainment. During each Parranda* groups of people roam from house to house where Christmas parties are being held. The parrandas* take place in different homes every night. The house is cleaned because carolers of the Parranda* come in Asaltos* which are surprise visits to the houses. Nobody knows when the carolers are going to arrive at their house. The parties last until dawn and when the carolers are tired, their hosts serve them food to help them to continue their caroling.

Some of the instruments that the singers use are the cuatro* (a small guitar), güiro* (wooden shell made from the skin of the fruit of the prickly pear tree), the triangle, and maracas* (made from an empty gourd with pebbles or grains in it to make noise). People who unite to sing the Parranda* carry a statue of the Baby Jesus as they move from house to house. The statue of Jesus is left at the home where the last Parranda* was celebrated. On Christmas Eve, that family brings the statue to church where Christ's birth is dramatized and the most solemn Misa de Gallo* (Midnight Mass) is celebrated.

To experience the Christmas spirit, Puerto Rican families hang colorful lights on the Christmas tree, windows, balconies, and other places around the home. Belenes* (creche) is the name given to the Nativity scene which begins with the figures of Jesus, Joseph, and Mary made of wood, plastic, or porcelain. To complete it, shepherds, animals, buildings and so forth are often included, and people may be invited to admire this drama of the Christmas story. Long before the Christmas trees were introduced, only beautiful wooden statues of the Three Kings were placed in the homes. Some children have a favorite king and they write him a letter asking for gifts.

In Puerto Rico, Christmas Eve is celebrated with the immediate family and the closest friends. The typical dinner that is prepared is arroz con gandúles* (rice with chick peas), sweetened fried bananas, puerco a la varita* (roasted pig), or variations of shishkabob, sausage, and fried pork. The delicious pasteles* are prepared with mashed plantains and potatoes filled with meat and wrapped in plantain leaves, and then boiled. Favorite desserts are arroz con dulce* (rice pudding), tembleque* (a custard made of cornstarch, sugar and coconut milk, and sprinkled with cinnamon), turrón* (nougat) from Spain, and various kinds of nuts. The most popular drink is the coquito* which is made of coconut milk and a touch of liquor.

January 6th which is called the day of the Three Wise Men is also known as the Epiphany. The day commemorates the coming of Melchor, Gaspar, and Baltazar, the Three Wise Men who bear gifts of gold, incense, and myrrh to Baby Jesus. For most people the Christmas season ends with these celebrations. However, some extend their Christmas season with Octavitas* which are prayers on the 8th day after Epiphany. The Three Kings Day is the most awaited occasion by Puerto Rican children because this is the time when they receive gifts. The night before, children walk around their house or in the countryside collecting fresh grass in a shoe box. Some take the grass, roll it into a ball, and decorate it with lace, and later on, along with some water, it is placed under their bed. This is meant to be a gesture of thanks to the camels who are tired from walking on the roads and have delivered their presents brought by the Kings. Parents wake up earlier than the children and take some of the grass away so that the children believe the camels ate it. In the morning, the children wake up and find gifts and candy.

Finally, the praying of the Octavas* or Octavitas* (eighth) come from the belief that it is proper, at the eighth day, to pay a call to people who have already visited them during the Epiphany holiday. This visit includes playing live music and caroling. This tradition is disappearing as the years pass; however, this is the day that officially ends the Christmas season.

For Puerto Ricans, Christmas is a time for fun with loved ones and, most importantly, a time of reconciliation and spiritual renovation.

Navidad en Trinidad y Tobago

En las islas de Trinidad y Tobago las preparaciones para Navidad comienzan unas cuantas semanas antes de diciembre. El pastel de frutas, que es muy popular para estas fiestas, necesita semanas de preparación. Se cortan las frutas en pedazos y se dejan reposar en vino rojo por un cierto período de tiempo. Se hacen varias botellas de vino de plátano y también crema de ponche y *sorrel,* que es una bebida muy típica. Otra actividad en que se ocupan las amas de casa es en arreglar y limpiar la casa en detalle, incluso haciendo ciertos cambios necesarios en el decorado. Por ejemplo, se compra tela para cortinas nuevas y para cubrir los cojines, con el fin de que la casa luzca lista para la temporada navideña.

Durante estas fiestas navideñas es muy importante tocar música. Un ejemplo de ello es la costumbre muy común de dar *serenatas.* Los hombres viejos del pueblo se reúnen y van de casa en casa halagando a sus vecinos y sembrando la alegría en el barrio con sus *serenatas,* como un símbolo de la venida de tiempos mejores. Varias semanas antes de Navidad ya empiezan a darse fiestas con la música *parang.* Así mismo en la radio, la mencionada música *parang* se toca a toda hora. El sonido de la música *parang* es algo que todos esperan escuchar en esta época de Navidad, año tras año, pues trae bellos recuerdos a la memoria.

En Nochebuena se prepara jamón y pasteles para la cena. La casa se decora con globos de colores y pequeños adornos. Las cortinas nuevas que se cosieron con tiempo se colocan este día y los cojines nuevamente tapizados se reponen en los muebles de la sala. Los regalos se abren en la mañana de Navidad. Después de abrirlos, la familia disfruta de un buen dasayuno con jamón y pan. Para la cena se cocina y prepara camote, guisantes, cangrejo y *callaloo,* fideos y arroz.

Las familias gozan de la compañía de sus amigos íntimos y familiares, como también de llevar adelante las perdurables tradiciones navideñas de su pueblo.

Christmas in Trinidad and Tobago

In Trinidad and Tobago, preparations for the Christmas season begin several weeks before December. Fruitcakes, which are popular for the Christmas meal, require weeks of preparation. Dried fruits are shredded and then soaked in red wine for a long time. Several bottles of Plantain wine are made as well as Punch-a-Cream and Sorrel* drinks. The entire family is involved in a time of renovation in their homes when they shop for materials to be used for new curtains and new cushions for the sofa to be made for the season. A thorough house cleaning is also done.

Music plays an important role during the Christmas season. For example, a very common tradition in Trinidad is serenading. The older men of the town gather and go from house to house serenading their neighbors. Also, a lot of parang* music is played on the radio. Parang* is a very popular type of music which everyone looks forward to every year. Moreover, several weeks before Christmas there are many Christmas parties where much of the parang* music is played.

On Christmas Eve, ham and cakes are made for dinner. The house is decorated with balloons and small decorations. The new curtains are hung and the sofas are newly covered. The Christmas presents are opened on Christmas morning, and afterwards families have a ham and bread breakfast. For dinner, ham, sweet potatoes, pigeon peas, crab and callaloo*, macaroni, and rice are served.

Families enjoy being in the company of their close friends and family members, as well as carrying out the long-lasting traditions of their country.

Navidad en Uruguay

Las tradiciones navideñas de Uruguay son muy similares a las de Europa debido a la influencia de los inmigrantes europeos que se establecieron en este país. Durante la temporada navideña, Uruguay goza del clima caliente del verano, al contrario de sus contrapartes europeos que tienen nieve en esta época del año. A pesar del clima caliente, las comidas típicas de Navidad como el pollo asado y los postres de nueces y fruta seca con crema siguen siendo una tradición.

El árbol de Navidad está presente en cada casa, adornado con motivos de la temporada. En él se colocan lazos, ornamentos de madera y lentejuelas de hojas de estaño que simulan nieve. Es tradicional dar al árbol una apariencia de nieve. Para ello lo pintan de blanco, o luego de poner los adornos lo cubren proporcionalmente con algodón o escarcha.

Santa Claus, el símbolo de Navidad en tantos países europeos es también una tradición de este país.

Aunque en Uruguay su nombre es el de *Papá Noel.* Su imagen tiene el mismo significado que en otros países; él es la persona que viene sin ser visto en Nochebuena a dejar juguetes a los niños.

Otra tradición que se ha mantenido por siglos es el asistir a la Misa del Gallo con toda la familia. Este acto es muy importante en todo el país porque celebra el verdadero significado de Navidad, que es el nacimiento del Niñito Dios.

Christmas in Uruguay

Christmas traditions in Uruguay are quite similar to those in Europe, because European descendants make up most of the Uruguayan population. In Uruguay during the Christmas season, the weather is quite warm because it is summer.

Christmas meals which include roasted chicken and creamy desserts of nuts and dried fruit are still common despite the hot weather during the month of December.

In most homes, a Christmas tree is present and seasonably decorated. Ribbons, wooden ornaments, and tinsel, which are meant to symbolize snow, adorn the tree.

Santa Claus, the common symbol of Christmas in many countries, is also a tradition in Uruguay. However, he is known as Papa Noel. The concept is the same as it is in most other countries; he comes on Christmas Eve, and without being seen leaves presents for all the children.

Another tradition that has been kept for centuries is attending Christmas Eve Mass with the family. This is one of the most important traditions throughout the country because it celebrates what Christmas is really about: the birth of Christ.

Navidad en Venezuela

La época de Navidad empieza el 16 de diciembre en Venezuela con la Misa de Aguinaldo o Misa de Navidad. En algunas regiones unos cuantos muchachos madrugan para ir a misa en sus patines, tanto así que algunas calles se cierran al tránsito vehicular hasta las 8 de la mañana para evitar accidentes. Años atrás, camino a la iglesia, se iba chequeando por pedazos de piola colgados en las ventanas, a los que se les daba un ligero tirón, pues se sabía que la noche anterior, antes de dormirse, los muchachos habían atado el otro extremo de la piola a su dedo gordo del pie. Así recibían una ayuda para despertarse y no perder el viaje en patines con sus amigos. Tiempo atrás llegaba *Pacheco* acompañando la época navideña. Este es el nombre con el que los venezolanos llamaban al clima frío que envolvía la ciudad. Las comidas típicas de esta temporada de frío eran altas en calorías para que trajeran un poco de calor al cuerpo. Así las despensas vendían las apetitosas *fritangas de chancho* acompañadas de *arepitas, rosquillas,* empanadas, chocolate y café hirviendo. El clima ha cambiado tanto que estas costumbres están ya desapareciendo.

Los villancicos navideños en Venezuela se llaman *aguinaldos,* y los jóvenes los entonan en las iglesias. Por eso a los cantantes se los llama *aguinalderos.* Ellos tocan varios instrumentos como el *cuatro, las maracas y las panderetas* hechas de tapitas de refresco, aplanadas y sujetas a un madero con clavos. El ritmo de los aguinaldos sigue, de algún modo, al del clásico *merengue* que gusta tanto.

Hay también otros *aguinalderos* que tocan en las calles, fuera de la iglesia. Ellos van de puerta en puerta pidiendo un poco de trago o licor. Estos *aguinalderos* no son tan inocentes como los que cantan en las iglesias. Los *aguinalderos* de las calles pueden ser un poco sarcásticos y picarescos. Los instrumentos con que se acompañan al cantar son las maracas, las *charrascas,* las tamboras, el *chinesco,* el violín, el cornetín y el *furruco* que es un instrumento típicamente navideño y equivale a la *zambomba* española.

En esta temporada, hacer explotar cohetes es algo muy común. En otros tiempos los jóvenes solían hacer sus propios cañones de bambú que eran menos ruidosos que los actuales y no rompían los tímpanos a los transeúntes. Los jóvenes hacen estallar cañonazos al mismo tiempo que van cantando por las calles, por eso a estos jóvenes se los conoce con el nombre de *artilleros.*

Otra tradición es el intercambio de tarjetas de Navidad; ¡cuán creativas, artísticas y poéticas pueden ser! Las tarjetas son impresas profesionalmente y enviadas a los seres queridos: otra manera que tienen los venezolanos de expresar el cariño.

La tradición que ha resistido los cambios y las influencias foráneas es la de las deliciosas *hallacas.* Esta es una comida de la variedad mayor del tamal, hecha de cerdo, pollo y res, aceitunas, pasas, alcaparras, almendras, cebollas y una gota de vino. A esto se le agrega ingredientes mestizos como la masa de maíz, y para darle tono, el *ají y el onoto, bijao o achiote* lo que además le da color. Su preparación es todo un ritual que involucra a la familia entera, bajo la dirección de la madre. La *hallaca* es la apoteosis de la cocina criolla y como dicen los poetas: "Es la comida del alma de los venezolanos." O como dicen otros: "Todo pasará, pero la *hallaca,* jamás." La *hallaca* incluso es un indicador económico, pues las familias suman cada año cuántos bolívares costó hacer las *hallacas* en comparación con el año anterior. Hay otros platos deliciosos que se sirven en estas fiestas. Ellos son el *pernil hornado* y el *pan de jamón.* De postre se sirven los turrones, nueces y avellanas, *polvorones, higos pasos,* frutas glaseadas y el rico *dulce de lechosa.* Las *tostadas o tacones* y el *melado de papelón* que se les untaba tienen muchos años de tradición.

En Venezuela hay intercambio de regalos y los niños reciben los suyos debajo de la cama. A ellos se les dice que es el Niñito Jesús el que trae los juguetes. Para los niños menos afortunados de Venezuela los juguetes llegan el Día de los Reyes. Los más optimistas esperan por su regalo incluso hasta el día de La Candelaria. La Navidad es una fiesta que renueva la esperanza y llena el corazón de los venezolanos.

Christmas in Venezuela

December 16th is the beginning of the Christmas season in Venezuela. On this date, the churches offer a Misa de Aguinaldo* or a Christmas Mass in the morning. In some regions of the country quite a few teenagers roller-skate to this mass; hence some streets are closed until 8 a.m. to allow them safe access to the streets. Years ago, as people walked to church, they cautiously looked for strings coming out the windows. If they saw one, they gave it a tug because they knew that children had attached the other end of the string to their big toe before going to bed. This would awaken them so they wouldn't be late for mass. In past times, the arrival of the Christmas season also brought Pacheco*, which was the name that people gave to the cold, bitter weather that arrived during Christmas time. Because of the cold weather, people used to walk down the streets of the city where the famous fritada* or fried pork was sold. At these street markets, other delicacies such as arepitas* (corn griddle cakes), rosquillas* (crullers), empanadas* (pastries filled with meat and vegetables), hot chocolate, and coffee were sold. The weather patterns have changed so much that little remains of this custom.

However, at the churches, teenagers continue singing aguinaldos* which is the name for Christmas carols. These young singers are known as aguinalderos*. They play various instruments which include cuatro* (a small guitar), maracas* (made from empty gourds with pebbles or grains in it to make noise), and panderetas* (tambourines made in Venezuela of flattened lids attached to wood with nails). The rhythm of the carols is similar to the merengue* style.

Other aguinalderos* walk through the streets going from door to door asking for a little bit of trago* or liquor. The carolers on the street are not as innocent as the ones in the churches. They can be a little sarcastic or use picaresque language. The instruments that they play are the maracas*, charrasca*, tambourine, violin, chinescos* (bell tree), furruco* (the principal Christmas instrument, the same as the Spanish zambomba), and bugle.

Setting off fireworks is common during the Christmas season. People enjoy walking through the streets setting off fireworks and singing Christmas carols. However in the past, youngsters made their own cannons out of bamboo. These were much quieter than most fireworks and they did not irritate peoples' ears.

Another tradition is the exchange of Christmas cards. Artistic, poetic, and highly creative Christmas cards with special messages are made, professionally printed, and mailed to loved ones. This is a special way to tell others how much they are cared for.

The most traditional and unique symbol of Christmas in Venezuela is the hallaca*. This food is made of corn, pork, chicken, beef, olives, capers, raisins, almonds, onions, wine, hot peppers, and the Latino ingredients of onoto*, bijao*, or achiote* to give it color. The hallaca* is a type of tamal* and is very common in mestiza cooking. The making of the hallacas* is a family activity where everybody helps. As a poet would say: "The hallaca is the soul food for the Venezuelans". Other delicious dishes are also served during the Christmas season. One common dish is baked pernil* (baked pork) and pan de jamón* (ham loaf). For dessert, turrones*(nougat) and glazed fruit are served, as well as the delicious papaya fruit.

Exchanging presents is also an important tradition in Venezuela. The presents for the children are left underneath the bed. The children believe that Baby Jesus brings them the gifts. For the less fortunate children, the presents come on the day of the Three Wise men, January 6th. In Venezuela, the Christmas season touches everyone's heart.

*Estas palabras pertenecen al idioma español, guaraní, chechua o portugués.
*Words in Spanish, Guaraní, Chechua or Portugues.

Foundation For The Benefit of Hispanic People

"EDUCATING AND NOURISHING HISPANIC YOUTH"

Founder's Comments:

As I walk trough the streets of Lancaster, Harrisburg, York, Lebanon and the beautiful orchards of Adams County, I see children whose faces are gleaming with hope and desire for a better life.

The *FOUNDATION FOR THE BENEFIT OF HISPANIC PEOPLE* believes in the dreams of these children and we believe you would want to share in this dream.

"Each child", to quote a Spanish author,
"is an infinite number of possibilities".

By providing a good Christian and disciplined education to these Hispanic children, their dreams and aspirations can become a reality.

Please invest God's gifts to you to make a difference in the lives of these children.

Sincerely,

Reverend Bernardo Pistone
Lancaster, Pennsylvania

A portion of the sale of this book goes to support the Foundation For The Benefit of Hispanic People.

Acerca Del Autor De La Novena

ABOUT THE AUTHOR OF THE NOVENA

PADRE MARCO V. RUEDA, S.J.

Ecuatoriano, sacerdote jesuíta, antropólogo.

Trabaja como asesor espiritual y realiza una campaña de oración, especialmente con los Ejercicios Espirituales Ignacianos. Ha publicado varios libros sobre Antropología y técnicas de oración, uno de ellos un Curso de Meditación Integrada: cómo unir lo corporal en nuestra comunicación con Dios.

Cree que los males actuales son tan profundos que se requiere un cambio radical de conciencia, que sólo la meditación profunda puede lograrlo.

FATHER MARCO V. RUEDA, S.J.

Ecuadorian, Jesuit, anthropologist.

Fr. Rueda works as a spiritual counselor who promotes a prayer campaign with emphasis on Saint Ignace Spiritual Exercises. He has authored several books of Anthropology and prayer techniques. One of them is The Integrated Meditation Course: a way to unite the corporal in our communication with God. Fr. Rueda lives in Quito, Ecuador.

He believes that the bad things that happen in this era are so deep rooted that it will take a truly conscious change within ourselves to make life better. The only way to this is through meditation.

Acerca de los cantantes

ABOUT THE SINGERS

MARIANA ALARCÓN:	Teaches art, American High School, Quito, Ecuador.
EDUARDO CALVACHI CRUZ:	Business manager, Quito, Ecuador.
LCDA. ROSI CALVACHI CRUZ:	Teaches literature, American High School, Quito, Ecuador. Author: "Spanish Course for Foreigners", "Advanced Spanish Course for Foreigners", "Spanish Survival Phrases for Foreigners".
ALICIA SERRANO DE DURÁN:	Librarian, American High School, Quito, Ecuador.
DR. GLADIS MONSALVE DE GRANDA:	Teaches chemistry, American High School, Quito, Ecuador.
DR. CHARITO CALVACHI WAKEFIELD:	Lawyer, Pontifical Catholic University of Ecuador (PUCE), mediator, Lancaster Mediation Center (LMC) and Lancaster Area Victim Offender Reconciliation Program (LAVORP), Radio Centro FM "Latinas de Hoy y de Mañana" radio program producer, "AL DIA" bilingual news paper correspondent, Pennsylvania, United States of America.

Pensamientos Y Recuerdos De Navidad Para Cada Año.

OUR CHRISTMAS MEMORIES AND TRADITIONS

Order Form:

FOTOCOPY THIS PAGE AND ORDER TODAY!

YOUR ORDER

Please send me_____ Book&CD(s) X $24.95 =_______
Pennsylvania Residents Add 6% Tax ($1.50)_______
Sub Total_______

Book Rate ($3.50 each)_______
or Priority Mail 2 - 3 days ($5.50 each)_______

TOTAL_______

FORM OF PAYMENT

___Check or ___ Money Order is enclosed payable to: Latin American Creations Publishing

__Visa __Master Card __American Express __Discover

__ Signature ________________ Date ________
Card Number Exp. Date

ORDERED BY:

Your Name______________________________

Address______________________________

____

Phone ( )______________________________

SHIP TO: (If different from *ORDERED BY*)

Name______________________________

Address______________________________

____

Phone ( )______________________________

Call or send this order form and payment to:

Latin American Creations Publishing
P.O. Box 247
Lancaster, PA 17608

Phone: 717-399-7543
Toll Free 1-877- 4LIBROS
(454-2767)

E-mail: LatinXmas@aol.com
Web site: http://www.latin-christmas.com/

Fax 717-399-0277
Toll Free Fax 1-877-399-0277